JN086116

新 弁護士読本

弁護士十年一人前論

才口千晴 著

商事法務

弁護士数え歌

弁護士数え歌

一、を　いちに

二、いろは　と修業せど

三、三枚目

四、よちよち歩き

五、床だに凌雲小小僧

六、碌でなし（無理をせず）

七、生意気盛り

八、突っ張り自信なく

九、苦労の連続で

十、判題一人前

作　子波

はじめに

　私は1938（昭和13）年、善光寺のお膝元である長野市で、教員の両親の長男として生まれました。長野高校から中央大学に進み、司法試験に合格して1966（昭和41）年に弁護士登録をしました。

　改めて振り返ると、私の法曹としての職業人生は、そのときどきの社会や依頼者の要請に応じた、実に愉快なものでした。

　弁護士壮年期には日本の高度経済成長が陰りを見せ、バブル経済の後、リーマン・ショックに見舞われ倒産事件が激増しました。倒産事件処理の先駆けとして管財人等を歴任する傍ら、母校において法曹論や破産法等を講義し、また司法試験「破産法」の考査委員を務めるなどもしました。

　そして、法制審議会倒産法部会の委員として約5年間務め、「民事再生法」の立案や会社更生法や破産法の改正にも関与しました。

　その後、2004（平成16）年1月に、弁護士任官判事として最高裁判所に奉職し、4年8カ月余を務めあげました。

　現在は、TMI総合法律事務所の田中克郎代表にお声がけいただき、顧問弁護士として、事件処理の傍ら後進の指導などにもあたっています。

　本書は、事務所のホームページに2年間にわたって「才口弁護士に聞いてみよう」と題して書きとどめた連載の寄稿を中心に、今日まで随所で書き記してきた事柄や日頃思考していることなどを集大成したものです。

冒頭に掲げた「弁護士数え歌」は、古来提唱・鼓舞している "弁護士十年一人前論" を比喩したもので、随所に登場しますのでご笑味下さい。

　9月3日に満85歳の誕生日を迎えます。最高裁判所判事退官満15年を目前にして、臆面もなく本書を著すことにしました。
　本書は、TMI総合法律事務所の小川周哉弁護士のひとかたならぬ尽力と、商事法務の浅沼亨さんの献身的な助力がなければ形になることはありませんでした。ここに記してお礼を申し上げます。

　弁護士のみならず、高みの法曹を志す若者が本書を参考にして下さらば本望です。

2023（令和5）年　夏

弁護士　才口千晴

目 次

第 1 章
法曹を目指している貴方へ

第1話　司法試験を目指しています

私は、ロースクールに通う学生です。いよいよ来年、司法試験を受ける年次になりました。才口先生は最高裁判所判事をお務めになり、また、司法試験の考査委員のご経験もおありになると伺っています。司法試験や、その後の法曹としての人生に向けて、受験生の頃から意識すべきことがあればアドバイスをお願い致します。

司法試験は短期決戦

司法試験は短期決戦と心得るべし、です。

司法試験は、勉強の量が必要な程度に達しているかを計る試験です。長々と取り組むのでは、最初に覚えたことを忘れてしまうかもしれませんし、法制度も変わってしまうかもしれません。合格後の就職にも影響しますから、道草を食っている暇はありません。短期決戦と心得て、黙々と研鑽してください。

また、答案は、簡潔・明瞭主義に徹してください。最高裁判所判例のように長文である必要はないのです。受験の際の答案と、学術論文は異なります。使い分けが肝要です。

さらに、常に体力増強。健康第一に気を配ってください。最近の司法試験の問題を見ると、知力勝負というよりはむしろ、体力勝負のような面があります。問題を読み切り、回答に必要な事項

を選り抜き、何らかの結論を導けない人はなかなか合格しません。

　そして、周囲に目配り、気配りをしてください。

　その一つは友人です。たとえば、私と甲斐中元最高裁判所判事[1]のように将来朋友となる人もいれば、結果として縁ができない人もいるでしょう。しかし、法曹としての職業人生は長いものです。あなたの横にいる人、あなたのクラスにいる「少し気の合わない」人ですら、長い時間をかけて、親友になる人かもしれませんよ。ゆめゆめ、浅薄な主観的評価で人の輪を小さくすることは避けることです。

　加えて、恩顧を受けている人を想起しなさい。例えば親兄弟であり、妻子であり、指導を受けている教員です。勉強が進み、実力がついてくると、自分一人ですべてをやっているような錯覚に陥ることもあるでしょう。それでは人の底が知れます。随一の実力を身につける道のりで、随一の謙虚さを身につけてください。

　最後に、将来的な展望を持ちなさい。高い志と専門性をもたないかぎり、これからの法曹はやっていけないと思います。

判決・決定の読み方について一言

　最高裁判所判事を経験した者として、また、司法試験考査委員を経験した者として、判決や決定の理解の方法について一言お伝えしておきます。

---

1)　私の長年の朋友である甲斐中辰夫弁護士です。甲斐中弁護士は東京地方検察庁検事正、東京高等検察庁検事長を歴任された生粋の検察官です。受験時代に木川統一郎先生が主宰する研究団体「白鴻会」での同僚で、かつ最高裁判所第一小法廷の同輩です。

　皆さんは、判決等の字面だけを読んで事足れりとしてはいけません。

　また、論文や答案に最高裁判所判例を金科玉条のごとく引用しないでください。判決や決定は絶対的なものではありません。法曹は、時代に応じて見合わなくなった判決を書き直す職業でしょう。何が正義かは、その時代によって変わり得るのです。

　また、主文が規範となるのではありません。主文と理由を合わせ読んで、裁判所が何を言おうとしているのかを理解してほしいのです。理由中の思考や意思形成の機微が、終極的結論の生命です。

　さらに、最高裁判所の判例が存在すること自体が論文試験の論拠になることは決してありません。私も司法試験の考査委員を務めましたが、「○○の判例がある」という論文によく出会いました。あったからどうした、その判例の真髄は何か、それについてあなたはどう考えるのかを記述してほしいのです。知っているということだけではなく、中身、真髄、思想、生命を汲み取り、咀嚼して自分の意見を論述しなければいけません。

　そして、最高裁判所の判例は、当事者のみならず国民に対するメッセージです。言ってみれば、判例等は、国民の憲法や法律等の価値判断の基準を示しているということです。そして、当事者に対する意思決定の指針も示しています。早く決心しなさいとか、もう諦めなさいとか、そういった意図が含まれています。また、最高裁判所の判例は、後の訴訟の攻撃防御方法の対策にもなります。別件でどこを指摘すれば、最高裁判所の考え方や判断が変わるであろうというサジェスチョンです。

最後に、最高裁判所の判例は、立法府や行政府に対するメッセージでもあります。三権分立のチェック・アンド・バランスの関係で、司法の判断が消極的立法にならないように謙抑的に判示していることを理解してください。違憲判決において、立法不作為論や立法不存在等の反対意見があるのも頷けます。

　しかし、最近の最高裁判所は、努めて行政や立法にもの申すという方向にあることに間違いありません。そういったことも意識しながら学ぶと、判例がより面白くなるのではないでしょうか。

第2話　働く場所の選び方

　私も、ロースクールに通う学生です。合格後の司法修習はもちろん楽しみですが、私は弁護士志望のため、そろそろ就職先の事務所のことを考えていかなければなりません。
　今は伝統的な少人数の事務所の中にも高い専門性を持った事務所がありますし、大手や海外系の事務所など、さまざまな法律事務所があります。
　現時点では、どのような事務所が合っているのか自分でもしっかりとしたイメージを持っていないのですが、就職希望先の事務所を選んでいくにあたり、どのような考え方でアプローチすると良いでしょうか。アドバイスがあれば、ぜひ教えていただけますと幸いです。

　これは、旧い時代の司法試験合格者である私には、想定外の質問です。

　私が駆け出しの弁護士だったころには、「就職希望先の事務所」という考え自体がありませんでした。縁がある先で鍛えていただく、それ以上のことを考えている新人弁護士はいなかったように思います。

　法科大学院が創設されて約20年が経過し、すでにロースクール出身者が多数活躍している法曹界ですが、せっかくの機会ですから、事務所の選び方の前に、まずは司法制度改革の経過から振り返ってみます。

司法制度改革は、従前の日本の司法制度が裁判期間の長さ、弁護士費用の高さ、裁判所の行政よりのスタンスなどを改善するために1999（平成11）年から行われている司法制度全般に関する改革です。人的基盤の整備のため法曹養成制度を改革し、まず2004（平成16）年に法科大学院制度が創設されました。私は母校の法科大学院で「倒産法」の講義を担当する予定でしたが、青天の霹靂で同年1月から最高裁判所判事に任用されましたので、その機会を逸しました。

　また、法科大学院創設に合わせて2003（平成15）年8月から「法科大学院適正試験」が実施されましたが、2018（平成30）年度には実施が見送られ、その後は実施されていません。

　最後は、「司法試験予備試験」です。旧司法試験の完全廃止に伴い2011（平成23）年から実施されている司法試験の資格を付与するために司法試験法第5条に基づいて行われる国家試験です。なかなかの難関試験で2022（令和4）年の合格者は472人、合格率は3.63パーセントです。

　そして、本書を認めている2023（令和5）年からは、司法試験が、ロースクール在学中に受験するものに変更になるやに聞いています。

　前置きが長くなりました。前述の司法制度改革の経緯を踏まえて回答しましょう。

　まず、あなたは司法試験合格の自信がおありのようですが、そうであれば、最初から弁護士志望と決めて邁進することもないのではありませんか。

　司法が立法、行政と国家権力の三権の一翼を担い、その司法を裁判官、検察官、弁護士が掌ります。司法制度改革における人的

基盤の整備では、司法試験合格者の増加とともに裁判官・検察官の増員が望まれていました。法曹三者の仕事は、それぞれがやり甲斐のあるおもしろいものでしょう。また、ご自身の希望が最優先ですが、自分に何が向いているのかという評価は、実は、自分以外が決めることがらでもある、ということは忘れないようにしてもらいたいです。

　この程度で任官推奨をやめて、弁護士を選ぶ場合の事務所選びのノウ・ハウを、端的に伝授しましょう。

　従前の回答でも申し述べたとおり、弁護士業務は多種・多様化して事件が偏在し、有能・豊富な人材を擁する大型事務所のニーズが深まりました。

　あなたが志望する分野に堪能な事務所がありましたら、敢然とアタックして採用の幸運を勝ち取ってください。しかし、大手法律事務所の（すべてではありませんが）多くでは、採用後に、個別のパートナーに配属されて暫時修業の途を歩むことになるのです。その場合には、人間的、組織的な立ち振る舞いの難しさに直面することもあるでしょう。事務所は一つの重要な要素ですが、その事務所に所属することが目的になるような志の低いことではいけません。

　自分こそがその事務所を代表する弁護士になるという気概をもって、将来どのような弁護士になりたいと思ったからその門を叩くのか、自分でよく考えることです。くれぐれもご留意ください。

　かたや、自ら専門性を求めて独自の分野を開拓する手立てもあります。私の法曹人生はまさにこれで、"倒産事件"に活路を見出し今日に至りました。しかし、この専門分野が今後も恒久的な

弁護士のライフ・ワークになるかどうかは、保証の限りではありません。時代と社会・経済情勢が法的ニーズに常に変革をもたらすことを、ゆめゆめ忘れてはなりません。

　結局、弁護士は一人ひとりが法曹です。所属している「法律事務所」があなたの値打ちを決めるのではなく、あなたが、その法律事務所の値打ちを決めるのです。「あの事務所の○○先生」ではなく、「○○先生の所属している事務所」と言われるような法曹になる。そういう気概をもって望めば、事務所選びによる環境差は、概ね吸収できるのではないでしょうか。

　どうぞ、将来自らの足で立つ立派な法曹をめざしてください。

第3話　最高裁判所の4年8カ月

> 　才口先生は、約38年間、弁護士を務められた後、2004年から2008年までの間、最高裁判所判事を務められました。
> 　法曹として双方の職にあたったご経験上、裁判官と弁護士が「共通」する点と、「相違」する点でお感じになられたところをご教示ください。

　裁判官も弁護士も司法にかかわる法曹であり、司法の本質や法曹の使命は不変です。

　相違点は、かたや権力行使者、こなた権力対抗者であることでしょうか。

　権力対抗者である弁護士から行使者である裁判官を経験して再び対抗者に戻った生き様をあれこれとつぶやき（呟き）ますので、ご判読ください。

私も弁護士任官判事でした

　1965（昭和40）年頃から臨時司法制度調査会において、裁判の遅滞と国民感覚と乖離した裁判の是正が提唱され、「弁護士任官」制度の奨励と実施が始まりました。

　下級審裁判官を対象とした制度であり、最高裁判所判事は別枠であったかもしれませんが、裁判の遅滞解消と国民感覚の反映という観点からは、最高裁判所判事にも同様の使命があります。

　微力ではありましたが、私は「弁護士任官判事」であり、あっ

たと認識しています。

　ちなみに、私が退官した翌年である 2009 (平成 21) 年、日弁連は、任官弁護士の実績等を検証して最高裁判所判事候補者の推薦手続を改正しました。

異文化体験の約4年8カ月

　私は、俗にいわれる「倒産弁護士」から、2004 (平成 16) 年1月16日から2008 (平成 20) 年9月2日までの約4年8カ月間、異文化の法曹の世界に身をおき貴重な体験をさせてもらいました。最高裁判所判事15人中の弁護士枠4人の一人となったのです。

　当時、全国52単位弁護士会会員合計約 22,000 名の弁護士の中、初代から136人目の最高裁判所判事として任命されることになりました。本人は青天の霹靂、知る者は唖然とした人事でした。

　ご承知のように、最高裁判所は三つの小法廷からなり、各小法廷は5人の裁判官で構成されています。

　私は第一小法廷に配属され、泉徳治判事[2]と同輩になりました。

　私が配属された第一小法廷は、先任順に前行政官、前検察官、前民事・司法行政のキャリア裁判官、前刑事のキャリア裁判官、そして前弁護士の私で構成されることになりました。その後、前刑事のキャリア裁判官が長官に栄進され、後任に前民事のキャリ

―――――――――――――――――

　2)　現在は、私と同様に、TMI 総合法律事務所の顧問弁護士を務められています。

ア裁判官が着任されました。

　なお、2020（令和2）年までTMI総合法律事務所の顧問弁護士として大活躍された今井功先生は、第二小法廷配属の元民事のキャリア裁判官でした。

　なお偶然のことながら、このときの第一小法廷を構成していた甲斐中辰夫、涌井紀夫両裁判官と私は司法研修所第18期同期生で、はからずも前検察官、前裁判官、前弁護士の三役揃い踏みとなり、甲論乙駁し"荒れる第一小法廷"として名を馳せたものです。

　そして、最高裁判所の職務の実態は、予測を遥かに超えるものでした。

　最高裁判所判事の職務は、憲法適合性・違憲判断・判例変更に要約されます。当時の年間新受件数は、上告事件約6,000件、特別上告・許可抗告事件等約3,000件の状況でしたが、私が在任した約4年8カ月間に処理した事件数は、1万4,896件（年平均3,252件、月平均271件）です。これは分量にして異常、裁判の密度からして処理能力を超えるものでした。

　これに司法行政の遂行と合わせれば、職務の実態は、事件記録との格闘、席の暖まる暇がない日々というのが偽らない状況でした。しかし、努力の結果、滞貨していた事件が迅速に処理され、「未済・既済事件の差が鰐の口のように大きく開いた」と評価される結果となったことは、私も誇りとするところです。

私の見たこと、聞いたこと、知ったこと

　最高裁判所は異次元・文化の世界で、見るもの、聞くもの、知るもの、体験するもののすべてが新鮮でした。具体的には最高裁判所の実態、官・民感覚の違い、各判事の個性、裁判の適正と迅速、裁判官人事、当時施行が迫っていた「裁判員制度」のあり方・捉え方などです。

　なかでも15人の判事の個性や思考経路には興味深いものがありました。私の偏見ですが、各背景に裏打ちされた思考経路の様相は、概ね次のとおりの傾向があるように見受けられました。

> キャリア裁判官は、結論を定めて理由付をする。
> 検察官は、現場に堪能な実務家。
> 行政官は、法の忠実な執行者・テリトリーを守る者。
> 学者は、結論を導くのに慎重。
> 弁護士は、実務経験を武器に結論を急ぐ。

　それぞれの出自に特有の個性があり、全体として一つの最高裁判所を構成しているのです。

関与事件で思い入れのあるもの

　最近の最高裁判所は違憲判決や注目すべき判例を多く言い渡しますが、在官当時、違憲判決は"64年間でわずか8件"などと司法消極主義を批判されていました。そこで、私たちは、違憲判決を下すことに憚られるようではいけないと前向きに取り組み、結

果、数多くの違憲判断をしました。

　例えば、違憲判決には至りませんでしたが、「一票の格差」問題は甲論乙駁を繰り返し選挙権の在り方に一石を投じ、現在も未だに係属中です。なお、格差についての私の意見は「二倍違憲説」で、衆・参両院事件とも違憲の少数意見でした。

　2005（平成17）年9月14日には、在外邦人選挙権違憲判決を言い渡しました。立法不作為・怠慢を論拠に1人5,000円の慰謝料を国家賠償として認容したのが特徴です。

　2008（平成20）年6月4日には、国籍法第3条違憲判決を言い渡しました。本件は私が主任裁判官を務めた思い出深い事件です。

　「子供は親を選べない」が基本理念で、多数意見9人、意見1人、反対意見5人でした。半年後の12月5日には国籍法が改正され、最高裁判所が救済の府としてもの言う司法の一端を担ったものであると自負しています。

　その他には、破産管財人の善管注意義務について詳細に補足意見を述べ、祖父母の孫監禁事件につき最高裁判所として18年ぶりに執行猶予判決を言い渡して「温情判決」などと評されたりもしました。

　ところで、2005（平成17）年7月14日に言い渡した金融派生商品である為替デリバティブ取引の私の補足意見について、昨今、事務所の後輩弁護士から意見陳述を求められることがしばしばあります。この判決を契機として金融関係諸法の改正に勢いがついたのであれば、意義と感慨を覚えるところです。

最高裁・裁判官の危機管理の状況

　話が回想録っぽくなってきました。閑話休題、最後に裁判所の危機管理を「つぶやき」ましょう。

　最高裁判所が霞が関から隼町の石造りの建物に移転して、半世紀を迎えようとしています。
　建築家岡田新一博士設計の現最高裁判所庁舎は、別名「奇岩城」とも呼ばれ、裁判棟は夏は涼しいが冬は寒い花崗岩の建物です。
　岡田博士のコンセプトは「スクエア」にあり、威厳のある素晴らしい建築ですが、内部はあまり見通しがよくない箇所が多いため、警戒を怠ることはできません。弁護士任官で先任の濱田邦夫判事も、在任中、しばしば庁舎の危機管理に警鐘を鳴らしていましたが、その危機がわが身に降りかかったことがありました。

　すなわち、あるとき、凶器を携行した人物が、前触れもなく私を訪問しようとしたのです。何らか主張があったやには聞きましたが、真相は分かりません。幸いにもその関係者から、判事室に向かった者がいるため注意されたいとの連絡があったため、大事には至りませんでしたが、彼は庁舎内に侵入を試みたのでした。
　ただでさえ尋常ならざる量の職務に追われる判事が安心して職務に邁進できる環境を整えることは、何よりも大切なことです。私は、秘書官と顛末書を作成し、翌日の裁判官会議において危機管理の徹底を上申しました。それからしばらくして、裁判官室の出入口を含めて設備的なセキュリティが向上したことは、欣快の

至りです。

　翻って、裁判所、検察庁と異なり在野にある弁護士の執務環境の安全も、さらなる向上が図られることを願ってやみません。弁護士は誰に守ってもらえる立場でもないのですから、しっかりと職務に集中できる環境を構築するよう、強くお勧めします。

　このあたりで、多弁に過ぎた「つぶやき」（呟き）を沈黙しましょう。

　司法にかかわる権力行使者と対抗者の共通点と相違点がお分かりいただけましたか。
　裁判官や弁護士ら法曹に求められている司法の理念は不変であり、「裁判は国民のためにあるものである。」ことを銘じてください。

第4話　私の訴訟観

　才口先生の訴訟に対する考え方を教えてください。訴訟とは、相手方（はもちろんのこと、その代理人弁護士を含めて）と戦う場ではなく、こちらも相手方も、裁判所に対し自らの言い分をいかに届けて理解してもらうかという営みである、という趣旨の考え方があり、私はその考え方に私淑（ししゅく）していますが、一方で、相手方（代理人）と徹底的に戦い、口頭弁論でまさに「言い合い」をすることを好むような弁護士もいます。

　唯一の正解があるものではないと思いますが、先生は、訴訟をどのようなものだと捉えていらっしゃいますでしょうか。

　弁護士業務が複雑・多様化したため、われわれの立ち位置が判らなくなりつつあります。紛争解決の基本に立ち返って訴訟手続について考えてみましょう。

　近代国家は、私人が実力で権利回復を行う「自力救済」を原則的に禁止し、公の制度として紛争を解決する手続を設置しました。国家が「裁判権」を行使し、法律的に権利救済や紛争を解決するために、当事者を関与させて審理・判断する制度が"訴訟"です。

　訴訟は、犯罪事実を認定して刑罰を科する手続である刑事訴訟、公権力の行使の適法性を確保するための行政訴訟もありますが、多くの者が関わる私人間の法的紛争を目的とする民事訴訟における「訴訟観」を主眼に、最高裁判所判事を務めた経験から裁判所から垣間見た「弁護士観」にも触れながら考えます。

　私は本来、いわゆる「訴訟弁護士」ですが、主に倒産事件を生業（なりわい）としてきましたから、“倒産弁護士”として、裁判所の裁量的判断による権利義務の具体的内容の形成を目的とする「非訟事件」を得手とした弁護士でもあるでしょう。

　しかし、約5年間の判事経験で「訴訟観」や「弁護士像」を別の角度から見ることができました。

　これらを踏まえた私の回答では、あなたが私淑される「訴訟は裁判所で相手方と戦闘する戦場ではなく、依頼者の言い分を裁判所に理解してもらい、その正当性を認めてもらう紛争解決の場である」との「訴訟観」が相当であると思料します。

　その理由は、訴訟は紛争解決のための最終手段であり、できれば国家が行使する裁判権は必要最小限度にとどめ、当事者間で万策を尽くして“和解”により円満解決をはかるのが近代国家の紛争解決の摂理である、と考えているからです。

　民法第695条〔和解〕を改めて読み返してみましょう。

　『和解は、当事者が互いに譲歩してその間に存する争いをやめることを約することによって、その効力を生ずる。』とあります。実に簡にして要を得た妙なる条文です。

　制度上は司法上の和解・裁判外の和解があり、示談もお互いに譲歩したものであれば広い意味での和解です。

　下級審から上級審まで、長ければ数十年という時間を費やして訴訟を遂行し、獲得できるメリットは何でしょうか。当事者はお互いに精魂が尽き、残るのは徒労感や虚脱感です。

私は在任中、法律審である最高裁判所において、積極的に和解を勧試しました。

　担当する調査官の人間性や裁判官の出番を見定めることは難しいことですが、和解成立の時の当事者の爽快な顔色や雰囲気は、未だに鮮明に記憶しています。

　あくまで、訴訟は、近代国家において「紛争を解決するための手段」であるということを考えれば、おのずと訴訟観は定まってくるのではないでしょうか。

　ところで、あなたが例示されたように、訴訟における姿勢が好戦的である本人や代理人も見受けられるところです。そして、訴訟という制度の目的が上記のようなことにあるとしても、あながちその言動や訴訟行為を咎めることができない事件もあります。

　例えば、訴訟の類型で言えば、累代の血縁・地縁に係る事件などはその典型でしょう。このような事件は、当事者の感情的に、「如何ともし難い」のです。

　また、代理人について言えば、例えば集団訴訟のように、目的意識のある紛争として訴訟が遂行されている場合も、それ自体を非難することは難しいことが多く、結果、好戦的な訴訟態度が示されてもやむを得ない場合があるように思います（但し、しばしば見られるような、アジテーター的訴訟や判例マニアのような訴訟は、論外です。）。

　多くの訴訟事件を経験してきた感想として、総じて、好戦的な訴訟態度には実益が少なく、訴訟経済上も無駄が多いと感じるところですが、そう即断するのは早計でしょうか。

最後に、裁判所から垣間見た「訴訟観」や「弁護士観」を披露しておきます。

実務で散見される残念な訴訟の具体例は、証拠と主張の齟齬（そご）が大きいもの、また、単純事件の複雑化としか思えないようなものなどです。その原因の多くは本人と代理人との紛争解決の意図の食い違いにあったように思いますが、中には意外にも、本人と代理人との「打ち合わせ不足」に基因すると思われる事件もありました。弁護士が法によりその権限を専有している訴訟代理を引き受けながら、本人との打ち合わせが足りずに事件が複雑化したり、本人の最大の利益を実現できないようでは、代理人としての資質を問われても仕方ありません。もちろん本人から事実を聞き出すのは容易なことではありませんが、そこが腕の見せ所であり、プロであることの意味でしょう。洞察力の研鑽と、作成する書面の緻密・的確性を不断に高めていく姿勢が望まれるところです。

最高裁判所は法律審であり、多くは上告事件等を却下又は棄却します。しかし、弁護士任官判事として私は、意図的に、早期の紛争解決を期待して、比較的多数の「原審差戻し」を言渡し、差戻審での審議の規範を併記して、紛争の早期最終解決を託すようにしました。

最近では、紛争の多様化、態様の変化による国民の期待や要求が変化しています。
例えば、民事訴訟における弁論準備手続、電話や WEB 会議システムの利用やラウンドテーブル法廷、Mints を利用した書面提

出、刑事訴訟における裁判員制度や被害者参加、行政訴訟におけるオンブズマン制度などは、その現れです。特に、新型コロナウイルス感染症の影響もあり、民事訴訟における電磁的方法・手段の活用は、驚くべきスピードで法律の成立にまで至りました。裁判所以外の機関が行う代替的紛争解決手段であるADRにおいても、様々な合理化が進んでいます。

　これらはすべて、紛争解決制度をより柔軟かつ合理的に運用できるようにするための制度の改定であり、それが実現しつつあるのです。

　最後に、斎藤朔郎著『裁判官随想』の下記一文を引用させて頂き、本質問への回答とします。

　「裁判官は付和雷同してはいけない。事大主義を鼓吹しない。所信を表明するのに怯懦（きょうだ）であってはならない。紛争の解決は、裁判の場合は、訴訟制度に任せるべきである。
　合議の決定や上級審の判断に対して耳を傾けて反省と思索を重ねる雅量と謙虚さを持たなければならない。裁判では客観的良心の涵養が必要である。」

第5話　法の支配と法曹の役割

> 　最近は法律以外にも、道徳的なものや、コンプライアンスなど、たくさんの遵守するべき概念があって、実は腑に落ちておりません。法ではない規範を、どう捉えるべきなのでしょうか。

　この質問には、「法の定め」について話を進めるところから始めましょう。

　命題のように申せば、近代の法治国家における法とは何か、です。

　法治国家の国政は、原則として議会によって制定された法によって行わなければならないというのが原理です。これは自由主義的な原理であり、いわゆる警察国家を否定するものです。

　この原理を実現するために準備されているのは、まず、法は議会（立法）により制定され、司法は独立の裁判所によって法に準拠して行われて（法律による裁判）、行政は所定の法に基づき執行されなければならない（法律による行政）、とするシステムです。

　もっとも、法律もよいものばかりではありません。「悪法もまた法なり」という格言もありますが[3]、「正義」や「善」など究極の普遍的価値に反する実定法＝悪法は、実際のところ存在しないわけではないのです。まず私たちは、そのときの議会次第で、悪法も立法化される可能性があることを心しなければなりません。

法と道徳・道理

ところで、法と道徳には似て非なるものがあります。

道徳とは人の踏み行うべき道です。また、道理もあり、ものごとのあるべき筋道、人の行うべき道と説かれます。法も道徳・道理も、そういう意味では方向性としては同じはずです。

では、法と道徳・道理の差異は何でしょうか。

それは、強制力を伴うか否かの差です。

法には強制力があり、道徳や道理には法的な強制力はありません。強制力を有する法は、判決により民事では強制執行ができ、刑事では刑罰が科せられます。このように強制力の有無によって、法と道徳・道理は区別されます。

理屈と道理

次に、理屈と道理について。これは、有名な三浦梅園先生 [4] が説いています。

---

3) 哲人ソクラテスの言葉とされています。ソクラテスは、言いがかりのような罪を着せられ、偏頗の塊のような裁判（という名の結論ありきの手続）により、死刑を宣告されます。これに対して逃亡を勧めた弟子達にソクラテスが述べたとされるのが、悪法もまた法なり、という趣旨の言葉であったとされます。ソクラテスの高潔な精神性を示す逸話的なものであり、そのように述べたわけではないという説もあるようですが、歴史を吟味して現代にも通用するメッセージを探す営みは、楽しいものです。

先生の“理屈と道理の弁”は、次のように語ります。

理屈と道理と隔てあり。理屈はよきものにあらず。例えば、親、羊を盗みたるは親の悪なり。親にても悪は悪なれば直ぐに訴ふべしと言えるは、理屈なり。親羊を盗みしは悪ながら、親悪事あればとて、子是れを言うべき様なしとて隠したるは、道理なり。人死しては再び帰らず、帰る道あらば歎きても歎くべし、帰らぬ道なれば歎きて益なしと言えるは、理屈なり。人死して再び帰らず、帰る道あらば歎かずともあるべけれど、帰らぬ道こそ悲しきなど歎くは、道理なり。

非常に味わいの深い思想ではありませんか。

統治者の良識と人間性

法の行使者である統治者の良識は、統治の重要なファクターであり、統治者はその良識や人間性が問われることになります。

すなわち、統治者は、社会人としての健全な判断力をもっている者でなければいけない、ということです。これを言い換えれば、国の統治の帰趨は、結局、統治者のパーソナリティやアイデンティティ等の人間性に負うところ大ということです。

---

4)　三浦先生は、江戸時代の思想家で、条理学を自分でおつくりになった、大分県国東市安岐町の出身の医者です。なお、理屈と道理については、先生だけではなく、中国の孔子や孟子なども説いているところです。「論語」の子路編の13にある葉公と孔子の問答では「直（ナオ）きこと其の中に在り」とあります。興味のある人は、是非原典に当たってみてください。

同じように、裁判には裁判官の人間性が如実に顕れます。法曹の使命は「窮極の価値」である正義を探究することであり、その探究には価値判断が伴いますから、その判断は人間性の反映に他なりません。人間性とは、生まれ、育ち、教育、知識、学識、経歴、人生観等による個性です。裁判においては、この個性がいかんなく発揮されます。

　このことは、特に大法廷の審議において顕著です。小法廷の4人ないし5人の裁判官は、日頃の事件の審議や懇親等を通じてなじみの間柄ですから、理論や考え方あるいは人生観などがある程度わかり、事件の結論も予想がつくことが多いのです。ところが、15人全員で審議する大法廷事件においては、全く様相を異にします。

　たとえば、国の在り方など、大きな議論における考え方の差異は顕著です。行政官のテリトリー、学者の思考、キャリア裁判官の論法、弁護士の発想等、それぞれの背景に基づき実に多種多様な考え方が示されます。また、国防に関係するもののように、外務省出身や検察官出身の裁判官の着眼点が非常に参考になるものもあります。用語や判決文の言い回しなど、公文書である判決文の作成にあたっては、調査官出身の裁判官から多くを学びました。

　大法廷を経験した一人の法曹として私が得た感想は、まさに大法廷の審議は人生修行の場である、ということです。私は、在任中に関与した合計11件の大法廷の審議を通じて、各裁判官の人間性を知り、またその言葉に感銘を受け、最高裁判所の裁判官であるという認識を新たにしたものです[5]。

だから、弁護士が求められる

　本書の読者は、法律家の世界に足を踏み入れた若き方々でしょう。我が国のこれからを担う皆さんには、是非、人間性を磨いてもらいたいと思います。これは、何も高潔な人であれと押しつけるのではありません。多様な価値観が集まる社会、世界を先導するためには、多様な価値観をもった、人間性の豊かなリーダーが必要なのです。人間性を磨くということは、あなた自身が魅力的な人になって欲しいということでもあります。どうぞ、それぞれの考えに基づいて、自分らしい魅力を身につけていってください。

　法の支配を採用する社会において、われわれ法曹が担う役割は重大です。とりわけ、国民からみたときには、弁護士の経験と発想には、大きな存在感があります。そのことは、弁護士出身の裁判官による事件審理や評決でも同じです。「結論がおかしくないか」、「現場感覚はそうではない」、「国民はそんなことを考えていない」などと反論して、司法の最終結論を導くこともあります。
　国民の目線、当事者の心情に沿って活動をするのが弁護士であり、それらに沿って判決や決定をするのが、われわれ弁護士出身

---

5)　閑話休題で、私の偏見に基づく最高裁判所判事の人物管見を記しておきましょう。私がご一緒する幸運に恵まれたのは、「気配りがあり、手綱捌きに長けている方」、「実務に堪能で、いつも危機管理や事件の落としどころを考えている方」、「博識で意見の多い方」、「事件処理が速く、事件が少ないと嘆いている方」、「ロジックに隙間のない方」、「結論が早く、超然としている方」、「人格と端正な身のこなしがマッチしている方」、「めくるめく理論や判例が出てくる方」、「先例を重視し、意見を曲げない方」などでした。

判事の役目であり、武器といえます。

　私の場合は、最高裁判所でしたから、本来の弁護士任官判事といえるかどうかわかりません。それでも、在野の気概をもって最高裁判所に赴き、理屈や先例を超えて現場主義を貫いて精一杯務めました。信念を貫き、裁判所組織にも、ある程度の風穴を開けることができたのではないかと自負しています。

　異色判事と称され、さまざまなご批判も頂戴しましたが、自分が正しいと思うことに憚られることがないのが、自由の職業である、弁護士というものでしょう。

　約５年間、在官時期は本当に苦労しましたが、誰もが経験できることではないという想いと、在野法曹の誇りを胸に、少しでも貢献できればという姿勢で駆け抜けました。よくぞ生きて帰れた、と思っています。

第2章

弁護士として職業人生を歩んでいる貴方へ

第6話　簡潔過ぎず、情緒に流れない作文
——1年目は「いちに、いちにと修業せど」

> 私は1年目の弁護士です。司法試験に受かったことで、自分には文章力があると思っていましたが、弁護士になって以降、先輩たちからはとにかく文章を直される毎日です。
> 「分かりやすい文章を端的に」ということを心掛けてはいるのですが、なかなか成長できない自分に、歯痒さを感じています。文章力・表現力を向上させるために、先生がやっておられた訓練や取組みなどがありましたら、教えていただけませんでしょうか。

司法試験と文章力

司法試験の合格と文章力とは全く関係ありません。司法研修所も、法律家の本分やルール、技術は教えてくれますが、文章力の教育をしてくれるわけではありません。

文章力は天分・才能か、努力がもたらす結果です。文章は主語、述語、目的語、補語で成り立ちますが、法律家の文章は権利や権力を対象としますから、要件事実や事情を上手く取り混ぜて作成しないと、説得力のあるものにはなりません。大いに経験が必要ですが、表現者の「納得」と、受け手の「満足」が一致しないと話し合いが決裂し、敗訴判決の憂き目を見るのです。

簡潔さと情緒性

　ところで、君の文章は簡明ですか？　情緒的ですか？

　簡単明瞭文で有名なのは、徳川家康の家臣であった本多重次の「一筆啓上、火の用心、お仙泣かすな、馬肥やせ」です。長篠の戦いの陣中から妻にあてた「日本一短い」手紙とされ、文章を書く人の模範とも言われています。

　文章の情緒性について、人間国宝の落語家・林家小三治師匠は、小説家の文書を比較して、藤沢周平の描写より山本周五郎や池波正太郎の方が“江戸前”で粋だと噺ています。前者はいかにも小説的、後者はそれこそ噺を聞いているような文体でしょうか。感覚的に分かりますね。

　好みもあるでしょうけれども、法律家にとって良い文章は、当該文書の趣旨目的に沿った、バランスのとれた文章だと考えます。独りよがりにならず、簡潔過ぎず、情緒に流れない作文を心がけてください。

直言派と推敲派

　次に、君の文章作成方法は直言派ですか？　推敲派ですか？

　直言派は、遠慮せずに自分の信ずるところを文章化します。

　たとえば、当事者から聞き取った事情をそのまま、時系列の整理など最低限の手直しの上で文章にするやり方を想像してください。直言派にも熟練の姿があり、それでも品を失わず、相手に必要以上に攻撃的にならないように微妙な機微を見逃さない文章作成ができる人がいます。それは大変な技術であり、一つのスタイ

ルということができるでしょう。

　ただ、これは１年目の弁護士には難しいと思います。特に直言派は、文章表現に関して「言い過ぎ」「書き過ぎ」が生じやすく、かえって紛争を混乱させることにもつながりかねません（それは、法律家として最も恥ずべきことの一つです。ゆめゆめ、社会に紛争を増やすようなことがないように、銘じてください。）。

　まずは、丁寧に作成した文章から、整理して、不要不急な言葉を改め、場合によっては削ぎ落して、字句を様々に考えて練る推敲派から始めることをお勧めします。

　たとえば、依頼者からの質問に対する回答文を想起してください。若い弁護士の回答は、得てして、長い文章になります[6]。そして、何が言いたいことであるのかが分からないことが少なくありません。特に経験の浅いうちは、「なぜなのか、だから何なのか、だからどうなるのか」を意識した文章を作ると良いかもしれません。

文章力・表現力を向上させるコツ

　最後に、文章力・表現力の向上の方法を伝授しましょう。

---

6)　もっとも、長い回答を否定しているわけではないことは、お忘れなく。依頼者の質問に素っ気なく結論だけ回答するのが正解という意味ではありません。依頼者は何を求めているのか。この回答を、質問者はどう使いたいのか（稟議に添えたいのか、思考の途中であり端的に結論が知りたいだけなのか。）。人の立場、気持ちを慮って、必要十分な回答をすることが、求められる姿でしょう。自分勝手な回答に終始するようでは、活躍は期待できません。

① まず感銘を受ける文章や判決文等を沢山読み漁りましょう。
② 感覚にマッチした文章に出くわしたら、その書き手の文章を真似しましょう。
③ 最後に仕上がった文章を要約しましょう。その際、文章の順序や組み立て方の極意である「起・承・転・結」（自調自考してください）を点検しましょう。

①については、まず多読があなたの文章力の基礎を作るということです。文章の上手な法律家は、文章を読むことが好きなことが多いものです。別に判例や漱石を諳んじろというのではなく、最近の小説でも何でも構いません。多くの文章を読んで、言いたいことが伝わってくる文章とはどういうものかを学んでください[7]。

②については、文章には好みがあるものです。自分の好きな文体を探してください。

③については、トレーニングあるのみ。気に入った文体の文章について、言いたいことを、どんどんと要約することに挑戦してみてください。知識を得る作業ではないので、基本書等でやるのではなく、自分の好みの文章で取り組んでみてください。

---

7) 但し、文学の中には、あえて伝わりにくい表現を用いているものもあります。意図通りの文章になっているかという観点で見ると良いでしょう。

最後に

　起承転結についてお話しておきます。

　「起・承・転・結」とは、物事や文章の順序・組立をいいます。原典は漢詩の構成法の一つです。

　具体的には、「律詩」（中國の古典詩の詩体）では、首聯、頷（ガン＝顎）聯、頸聯、尾聯で文章を組み立てることとされています。

　「首」聯で説き起こし、「頷」聯でこれを受けて展開し、「頸」聯で変化を起こし、「尾」聯で全体を締めくくる。

　こういった構成が採用されているのです。

　日本では近世以降、絶句（中國の古典詩の詩＝最も短い詩体）の各句の呼称ともなり、この「首頷頸尾」は「起承転結」になりました。なお、起承転合ともいいます。転合、の方が基の意図には近いかもしれません。

　なお、「聯」は連と同義であり、連なるの意味です。語原は「戦場出で討ち取った敵の左耳を切り取って軍功の証拠としその耳を糸で貫く形であるらしくそれで「つらねる、つづく」の意味となる」とされます（白川靜）。

　私は高等学校時代、書道班に在籍して書と漢詩を学びました。絶句の作詞も学びましたが「韻」を踏む漢字が難解で、駆使できませんでした。

　ただ、今でも、書と漢詩を文章の順序・組み立てに使っています。

具体的には、受け取ったことがある人も多いであろう、私から
の「陳謝無沙汰音　拝受貴重文献　運用後輩教育　祈念自愛清
栄」（六言絶句？）の返信です。

　紙面節約・簡潔要件・以心伝心等に重宝しています。色々なコ
ミュニケーションの方法があるものだと思って貰えればと思いま
す。

　私淑した副総理・法務大臣・内閣官房長官を歴任された後藤田
正晴先生は、面談・講演の際には「起承転結」を記載したメモを
ベストのポケットに入れておられました。どれほどの能力を持た
れている方であっても、整理し、整えた上で、準備して、表現を
しているものです。いわんや若手の皆さんが文章を作ったり、発
表をするときには、準備が重要ですよ。準備を繰り返すうちに、
きっと良い文章が書けるようになります。

　法律を駆使して紛争を解決し、あるいはクライアントに利便を
供与することを生業とする弁護士は、知的な説明力、要約力、説
得力のある文章を作成できることが重要な職務の一つです。

　どうぞ、以上の方法を意識しながら、日々研鑽・精進してくだ
さい。必ず成果が顕れますよ。

第7話　「ルーティーン」

> 　私も1年目の弁護士です。弁護士である以上、常に新しいものに興味を持ち、学び続けることが大事だと思いますが、その一方で、仕事や生活のリズムを保つ上で、何かルーティーンと呼べるようなものを作るのも大事なのではないかと思います。
> 　先生が日ごろの生活の中で、大事にしているルーティーンは何かありますでしょうか。

　「ルーティーン」とは日常の仕事の手順、繰り返す自分なりの儀式のことですね。わが法曹人生を振り返って、改めて考えてみたいと思います。

　倒産弁護士としてがむしゃらに働いていた当時は、早朝に出勤して懸案事項を処理し、適材を随所に手配してから会議に臨み、所管に報告し、あるいは集会を開催して方向性を定め、深夜に帰宅して一日の職務を総括する「精励恪勤（セイレイカッキン）」な日々でした。

　実に無味乾燥な職務遂行でしたが、そんな中にも必須の「ルーティーン」がありました。

早朝出勤

　私は、親にもらった丈夫な体で朝、空が白むと寝ていられない性分です。毎日早朝7時台には出勤するので、家族のみならず関係各所にも多大なる迷惑をかけました。

しかし、管財人等の職務は早朝出勤しないと会社の業務を開始できません。決裁書類や手形・小切手に捺印しないと事業継続ができないのです。"早起きは三文の得"と慣用されるとおり、午前中の頭がクリアな時間帯が一番仕事の能率が上がります。

衆議一決

多くの人の意見を一つにまとめることが鉄則だと思って色々な判断をしてきました。多くの人の意見を聞くこと。これも一つのルーティーンだと言えるかもしれません。

弁護士稼業に独断専行は禁物です。しょせん、専門家ぶっても知識や経験には限界があるのです。多くの人の意見を徴し、衆目の一致するところで結論を導くのが常道です。どんなことでも、（もちろん、自分で調べて考えることが大前提ですが）多くの人の意見を聞くクセをつけてはどうでしょうか。なお、パートナーとアソシエイトとの関係も同様ですね。多くの人の意見をまとめて、業務の目的、クライアントのニーズを達成する道を選択してください。

士気鼓舞

目的成就のためには士気を鼓舞して相手に立ち向かうことが必要です。紛争解決や勝訴のためには情熱を持って事案に対処しないといけません。そうでないと、相手や裁判官を説得できず、良い結果は得られないものです。

更生管財人を担当していた当時は、「心機一転」、「奮励努力」、「衆議一決」などの四文字熟語を月間目標に掲げ、これを半切の

画仙紙に墨汁で自書して、更生会社の玄関に掲げて会社諸兄の士気を鼓舞し、心技体の精神を徹底していました。

　しかし、士気を高めることは、紛争や倒産事件のような類型だけでなく、どのような仕事でも意味のあることです。毎朝、起きたとき、家を出るとき、机の前に座って仕事を始めるとき、いつでも構いません。自分なりのタイミングで、「よし、やるぞ！」という気持ちを入れるきっかけを作ってみては如何ですか。是非、毎日実際に何かを声に出してみてください。「やるぞ」の一言でも構いません。ご想像より効果がありますよ。

一義明確

　道理にかなった明確な主張や計画案でないと、裁判所や債権者を折伏（しゃくぶく・説得）できません。文書や資料を作成するときは、「一義明確」を心がけます。

　最高裁判所においても、判決は簡潔明瞭を旨とし、反対意見も補足意見も必要最小限度に留めました。識者の一部から、省エネ判決は説得力に欠けるとか、退官後も意気軒昂なのは在任中の余力などと皮肉を言われましたが、判決が当事者や国民に納得が得られるのは簡潔明瞭であることが大きいはずです。計画案も同様であると確信しています。誰が、読む気もおきない文書に説得されますか。

　どうぞ、準備書面や控訴・上告理由書のみならずクライアントに対する報告書に至るまで「一義明確」を主眼に作成するよう心がけて欲しいと思います。

貼る・メモる

　最後に、「ルーティーン」の１つの秘策を伝授します。

　多忙・煩雑な弁護士や管財人業務では、効率の良い仕事の手順を作り、守ることが不可欠です。事は簡単、"大学ノート"の活用です。常時、手元に"大学ノート"をおいて、日付順に面談した相手の名刺を貼り、傍らに面談要旨を添え書きしておくという単純な作業です。加えて、ホットな政治、経済及び重要判決並びに裁判所の枢要人事等の新聞記事を切り抜いて貼れば完璧です。

　ネットやスマホの時代には馴染まない手法かもしれませんが（私の「大学ノート」と同じことができる、クラウドメモというものがあると聞きました。そういったものでも良いかもしれません。）、存外このような事実経過の記録は、世相や面談した相手の身分・地位、連絡先の確認や懸案・早期処理事項を想起するのに大変重宝です。

　私はこの"大学ノート"を『備忘録』と命名して、現在も継続しています。

　特に、緊急処理事項は朱墨や赤ペンで記載しておきます。いつも頭の片隅に留めて思考しますので、就寝中に夢の中で覚醒され、問題解決の糸口を見出したこともありました。

　以上が私の法曹人生の中で大事にしていた「ルーティーン」です。

　"ゆめゆめ忘るるべからず"としゃれて紹介の締めとします。

第8話　弱点克服方法
——2年目も「いちに、いちにと修業せど」

> 　私は2年目の弁護士です。私は学生の頃から人前で話すこと
> が苦手で、いまだに人前でプレゼンをする際には足が震えてしま
> い、思うように話せません。この弱点を克服すべく、今までさま
> ざまなトレーニングを実施してきましたが、思うようには克服で
> きません。私から見ると、先生は千軍万馬の猛者に見え、「弱点」
> と呼べるようなものが見当たらないのですが、何か先生にも「弱
> 点」と呼べるようなものはあった、またはあるのでしょうか。も
> しある場合、その弱点と今までどう向き合ってきたのか教えてく
> ださい。

　到頭（とうとう）私も「千軍万馬」の「猛者」に見られ、おだ
てられて"弱点克服方法"などを聞かれることになりました。

　元より心理学や言語学あるいは行動科学などを学んだこともあ
りません。貫禄や信頼感は年齢や経歴からもたらされることが多
いですから、外見や立ち振る舞いなどで実像を予測したり、惑わ
されたりしないでください。意外にもそれは虚像かもしれません。

　さて、2年目の弁護士さん。会話やプレゼン下手では困りまし
たね。
　難関の司法試験を突破して弁護士の基礎体力を養成中にその実
力を発揮できないでいる。

「才色兼備」適わず、まさに「天は二物を与えず」の喩えを地で行っているようです。

あなたの値打ちが生かされないで空回りしているのは"もったいない"です。

早期に現状から脱却してワンランク上を目指す必要があります。ポジションにより見える景色が変わり、次のステップへの向上心が高まるのです。

弁護士にとって、会話や人前での振る舞いは、他のあらゆる職業と比較しても大切な要素の一つです。

弁護士は在野法曹で、その使命は「基本的人権の擁護と社会正義の実現」にあり、その職務は、訴訟事件等に関する行為その他一般の法律事務に及びます。民事、行政事件に限らず刑事事件においては専門家として被疑者や被告人の防御を助ける弁護人です。

その使命実現のためには法曹としての必要最小限度の資質と能力が必要です。

職務の対象が、もの言わぬ物ではなく生身の人間であり、法曹はその中の弱者救済に務めなければなりません。

係争案件の調整や国家権力に対抗してクライアントの権利を救済するには、書面のみならず会話が不可欠です。

コミュニケーション下手、不足はこれらの問題解決に不利であることは、明白です。

２年目の弁護士さん。あなたは法曹としての資質や能力が欠落しているのではありません。また、さまざまなトレーニングを実施されているとのことですから、課題に対処しようという精神を

持ち合わせています。素晴らしい姿勢です。更に積極的に実践的教育活動を継続・増強して、「弱点」を克服しましょう。これらの能力は、鍛えれば強くなり、上達するものです。天性に任せて立ち振る舞うことができる人もいますが、あなたが憧れる先輩法曹の多くは、恥ずかしい思いをして、口惜しい思いをして、しかし練習し、考えて、その姿に至っているものですよ。いつか、コミュニケーションが強みに変わる日が来ます。

　少し具体的なお話をすれば、私の乏しい知識と経験から助言できる回答は次のとおりです。

自己を知る

　鎌倉時代の随筆「徒然草」の作者兼好法師は、

「我を知らずして、外を知るという理あるべからず。されば、己れを知るを、物知れる人というべし。」

と説いています。
　あなたは己の弱点を知っているのですから“物知れる人”ですね。まずは、できること、できないことを知る。その謙虚な姿勢を持つことです。
　また、この「自分はこれができない」と認識することは、意外な効用があるものです。というのも、緊張やがっかりした気持ちというのは、「もっと上手くいくはず」と思っているから起きる側面があります。「今は、自分はこの程度しかできないのだ（いまにみていろ）」と納得するところまで、自分ができることとでき

ないことをはっきりさせること。己を知るというのは、そこまでを求めるものだと認識してください。

聞き上手であること

　聞き巧者は、相手が話しやすいように受け答えして、巧みにその人の話を聞きます。

　今のあなたは、自分の弱点に委縮して「聞き巧者」ではないかもしれません。弁護士は、話し上手より先に「聞き上手」でないと、紛争解決の糸口や方法を見出すことができません。尻込みせずに、身を乗り出して聞いてください。人は、自分の話を熱心に聞いている人と、そうでない人がすぐに分かります。熱心に聞く姿勢を持つこと。その姿勢が伝われば、あなたの対面にいる依頼者や相手方は、必要な話をしてくれるでしょう。

会話の要旨や骨子をメモしてから臨場する

　プレゼンテーションにレジュメは不可欠ですが、不安ならば会話の時もメモを忍ばせて臨んだらよいでしょう。この場合のメモは簡潔明瞭でコンパクトなもので構いませんし、そうあるべきです。
　私の尊敬する、挨拶や講話が堪能な大先輩は、話題の骨子である「起承転結」を記載した紙片を胸のポケットに忍ばせてその場に臨まれていました。万全の準備が、聴く人に感銘を与え、その内容も記憶に留まるのです。会話の巧拙も原理は同じです。
　要は、人と会話するのにも、準備を怠らないことです。上手く

話ができなかったときに、必要十分な準備ができていたか、思い出してみてください。案外、きちんと準備ができていなかったことはありませんか。

勇気を持って決行する

あとは、成長したい、変わりたい、と思う気持ちを底に据えて、直ちに苦手な状況に挑戦してください。

緊張するでしょうし、何度でも、うまくいかず恥ずかしい思いをすると思います。大いに結構です。どれもこれもが練習です。それでも、また次の一回、次の挑戦を、繰り返してください。その試練の克服が、あなたを一回り大きく成長させると確信します。失敗を怖れずに自己を啓発すれば、生きる道の糧となります。ご精進専一に願います。

余談ながら、私の「弱点」を吐露しておきます。

私の主な生業は倒産事件でしたが、「即断・即決」の習性のあらわれでしょうか、私は「会話のテンポの早さ」が弱点でした。とにかく私は、早口だったのです。

早口は、相手が理解することも納得することもできないのです。また、早口は、威厳のある態度と親和させるのが難しいものです。そのことを悟り、喋るときには、言葉を選んで、滑舌を鮮明にするように心がけたところ、次第にスローテンポに改善されていった記憶があります。

法曹人生の後半では裁判官という寡黙な世界に身を置き、洗練

された判決文などを作成する立場になり、法曹として五感による啓蒙の方法が"聴覚"から"視覚"に急変したのは運命の皮肉ですが、この弱点を克服しようとした取組みは、未だに私を支えてくれていると感じています。

第9話　後輩の指導はどのように？

──3年目は「三枚目」

> 　私は3年目の弁護士です。3年目になり、徐々に後輩の弁護士と仕事をする機会も増えてきましたが、後輩の指導の仕方にとても悩んでいます。例えば、後輩の弁護士に社会人として直すべきことがあったときも、「先輩として糺さなければ」とは思うのですが、叱ることに慣れておらず、目を見て、うまく伝えることができません。
> 　一方で、私自身は、私が大変にお世話になっている先輩からたくさん叱られてきましたが、その先輩に対する尊敬や信頼は変わりありません。私もそんな先輩のようになりたいと思っているのですが、後輩への指導について、先生がこれまで意識してこられたことなどありましたら、ヒントをいただけますと幸いです。

3年目は「三枚目」

　3年目の弁護士さん、いやはや今から後輩の指導でお悩みですか？　早熟 ……… 否、敬服します。

　私の「弁護士十年一人前説」の数え歌の3年目は「三枚目」。芝居番付の三枚目の道化役程度ともじったのです。私の時代の3年目は遮二無二に職務を遂行していた時期で、後輩の指導などできる状況にありませんでしたし、後輩もいませんでした。

「教育」の基本は叱正ではなく訓育です

　後輩の指導とは、「教育」なかんずく社会人教育あるいは人間形成教育のことですね。

　最近の法曹養成制度に足りないのは社会人教育です。時代や社会の趨勢、特に最近のコロナ禍によるリモート修習のような、法曹である人間同士が膝詰めで共に濃厚な時間を過ごすことができない環境下では、満足な社会人教育を施すことも難しいかもしれません。これすなわち、新人や後輩が実務に出た後に、われわれの事務所や先輩は実務を通じてこれを補完して、一人前の法曹に育てあげる必要と任務があるということでもあります。

　いよいよ相談者さんの出番です。「教育」の基本は叱正ではなく訓育ですから、われわれも、教えることで共に学びましょう。

　まず、相談者さんの「目を見て」は後輩を直視する"体形"ではなく"姿勢"の問題です。

　姿勢は目線の在り方ですが、上から目線ではなく、対等目線あるいは同輩目線で臨みたいものです。一部、相手方代理人に対して唯々「居丈高」な視線を合わせる情けない弁護士もいますが、そのような器の小さいことではいけません。相手とは、常に対等・同輩の目線で話すように心がけましょう。いくら上から目線で力んだって、人は納得も折伏もされません。同等目線で考え、教え導いてくれたことに得心するのです。

後輩に対して

私が意識して後輩の指導をした要諦は、概ね次の三つです。

① 後輩の疑問や言動に熱心に耳を傾け、積極的に理解しようと努める。
  しかし、その際、後輩に迎合するのは禁物。是々非々で対応するのが指導の要諦です。
② 後輩に自分の考え方を押しつけない。
  牛を水辺まで連れて行くことはできても、水を飲ませることまではできません。
③ 指導内容は簡単・明瞭にする。
  指導とは、先輩が後輩に愛情をもって働きかけ、一人前の法曹に育て上げることですから、指導内容は簡明をもって旨とすべきです。

以上が私の提言です。後は本人の能力と精進に期待しましょう。

多くの人を育てる立場にあった勝海舟先生も、しばしば「淵黙勝多言」（えんもくたげんにまさる）という言葉を残したといいます。上記三点を意識して教え導きながら、寄り添い、見守ってあげることです。

ところで、相談者さんは、お世話になった先輩に叱られても尊敬や信頼の念は今でも不変の由。その先輩はよほど「人間的魅力」に富んだ人物ですね。

言わずもがな、あなたの将来軸も「人間力の陶冶」に託されているのですから、頑張ってください。

第 10 話　健全なる精神は健康なる身体に宿る

> 　私も 3 年目の弁護士です。弁護士は、精神力と体力のいる仕事です。私は精神力も体力も、幼少期から学生時代に培われたものが基礎になると考えています。実際、学生時代にラグビーに打ち込んでいたことが、今、仕事をやっていく上での基礎になっていると感じることもあります。
> 　先生は心身共にタフな案件を多数扱ってこられたものと思いますが、どのような幼少時代を過ごされていらっしゃいましたか。

逆境の幼少時代

　ご下問が大分個人情報にわたる領域に入ってきました。

　特に、「幼少時代」とは当惑します。事務所の最古参弁護士の一人で、1945（昭和 20）年 4 月に小学校に入学し、8 月に太平洋戦争が終戦という激動の中で幼少期を過ごした身の上です。参考になるかどうか疑問ですが、ご一読ください。

　私は善光寺のお膝元である長野市で育ちましたが、幼少期は敗戦直後。「国破れて山河あり……」まさに杜甫の " 春望 " の詩のような状況と心境でした。

　食糧難で主食は米が乏しく、麦、稗（ひえ）、粟（あわ）や昨今は珍味とされる藜（アカザ）や滑莧（スベリヒユ）などの雑草も食べました。

そんな状況でも国民の復興意欲は逞しく、蚤（のみ）、虱（しらみ）駆除をしながら、小学校5年生の頃には学校給食が始まり、おいしくない脱脂粉乳を鼻をつまみながら飲み、幼少期を過ごしたのです。

　顧みれば、逆境の中での幼少期に、向学心や目的意識が目覚めたように思えます。

健全なる精神は健康なる身体に宿ります

　ご質問の方は学生時代にラグビーに打ち込んでおられたようですが、私の運動遍歴は、中学時代はバレーボール、高校時代は剣道、弁護士時代はゴルフ、そして判事退官後は弓道、昨今は早朝散歩と、首尾一貫しないものです。ただ、常に身体を動かす機会は持とうとしてきました。

　また、法曹への道程は、生来手先が器用でしたから建築家を夢見たのですが、中学校の担任教師の「法曹になれ」のアドバイスで拓けました。その後実際に弁護士になり、倒産弁護士として「民事再生法」等の立案に参画し、その後最高裁判所判事に任ぜられ、退官後はTMI総合法律事務所のおぼしめしで老残の身を置かせてもらっています。

　ご指摘のとおり、「弁護士は精神力と体力のいる仕事」です。そして最高裁判所判事の職務は、在野法曹出身者にとっては試練と苦難の連続でした。この艱難辛苦（かんなんしんく）を乗り切れたのはまさしく精神力と体力のおかげです。その意味では、精神力と体力が必要であることは、法曹全般に共通して言えること

でしょう。

「健全なる精神は健康なる身体に宿る」とは、けだし名言で、適正・的確な判断をするには培われた体力と胆力が必要です。どうぞ体力と胆力を鍛え、怠らないようにしてください。良い仕事をするために必ず必要なことの一つです。

過年、惜しまれて逝去されたなかにし礼先生の名作である石原裕次郎の"わが人生に悔いなし"の2番の歌詞には、「親にもらった体一つで　戦い続けた気持よさ……」とあります。
私の今日までの生き様も、正に同じであり、「夢だろうと現実（うつつ）だろうと、わが人生に悔いはない」そのものです。

求道の道へ

なお、私は最高裁判所判事退官後に軟弱な心身を鍛えようと決心し、和弓の稽古を始めました。弓道は「求道」でもあります。その弓道のお話を少しだけします。

私が弓道を始めたきっかけは、扁額「施無畏」の縁起にあります。
この扁額は、在官中、判事室に懸架してあったものです。「施無畏」とは、「三施（さんせ）」の一つとされます。
三施とは、三種類のお布施のことであり、仏の道を説いて会得させる「法施」、財産を分け与える「財施」、そして衆生に対して心の安らぎを与え、畏れのないようにする「無畏施」からなります。この無畏施は「施無畏」とも言います。在官中、私はこの

「施無畏」を座右の銘として、職務の遂行の糧としてきました。

揮毫の主は、中曽根元首相をはじめとする歴代総理大臣の指南役と言われ、細川内閣誕生と引退の経緯にも深く関わっていたとされる、鹿児島出身の四元義隆氏です。

この扁額は、とある会社更生事件のご縁で、お祝いの品として拝受しました。無念にも同氏は、私が任官した年である2004（平成16）年の
６月に96歳で逝去され、扁額は遺品となりました。大作ですので、退官直前に同氏のご子息と相談して引取先を捜してもらい、終の住処（ついのすみか）であった鎌倉円覚寺の塔頭の１つに納めることにしました。その塔頭は同寺の門をくぐった左手にある桂昌庵で、別名「閻魔堂」。扁額は閻魔大王の左脇にお納めしました。

「閻魔堂」には弓道場があり、須原耕雲和尚が90歳余の老齢ながら弓の指導をされていました。その姿にすっかり魅せられ、図々しくも弟子入りさせて貰い、70歳の手習いを始め今日に至っています。これが扁額「施無畏」縁起にまつわる弓道稽古の顛末です。

未熟な初心者ですから弓道の極意などは到底語れませんが、矢には二つの種類があるのをご存知ですか。

それが甲矢（はや）と乙矢（おとや）で、甲矢は矢が前進するときに時計回りに回転し、乙矢は逆に回転します。甲矢と乙矢の

一対で「一手（ひとて）」と呼び、甲矢から射ることとされています。羽根の付け方一つで回転が逆になるという、古く優れた技術です。工芸と呼んでも良いかもしれません。矢道は 15 間（28 メートル）あり、的は 1 尺 2 寸（およそ 36 センチ）、的中心の白円はおよそ 7 センチです。矢は鳥刺し（矢先が上向き）や水流れ（矢先が下向き）になったりして、簡単には的を射ることができません。的を目指して射るのですが、しっかりと足を踏み開き、胴造りをして、呼吸を整えて矢の離れをしなければ、的中は期待できないものです。

　不思議なご縁で、いくつになっても新しいことに触れ、知り、挑戦する楽しさに恵まれることは格別の幸せです。皆さんにも、ご縁を大切にして、色々なことに挑戦してもらいたいと思います。それが人生を豊かにしてくれることでしょう。

　どうぞ、体力増強・精神倍増で弁護士道を勇往邁進してください。

第11話　人生は横軸ではなく縦軸で歩もう
——4年目は「よちよち歩き」

私は、大手事務所に勤務する4年目の弁護士です。最近、先輩と一緒に仕事をした際に、「4年目になってこんなことも分からないのか」と叱責されてしまいました。自分なりに4年間全力で頑張ってきたつもりでしたが、それ以降、同期の弁護士や後輩の弁護士でさえ、みんな自分よりも経験も知識もあるように思えてしまい、落ち込む毎日が続いています。4年間、全力で頑張ってきたにもかかわらず、成長を感じられない自分は、弁護士に向いていないのでしょうか。これからも頑張っていれば、成長していくものでしょうか。先生がこれまでたくさんの弁護士と接してこられた中で、弁護士の成長について、どのようにお感じでしょうか。

「月は西から昇る？」

　私の「弁護士十年一人前説」の数え歌では、4年目の弁護士である貴方は、「よちよち歩き」。

　それにしても、贅沢な悩みですね。そもそも貴方は職場環境を認識しなければいけません。大手法律事務所の新進気鋭の弁護士の一人でしょう。

　事件処理で先輩に叱責された？　別に事件からはずされたのではないでしょう。

　先輩も貴方を叱るには相当の決意と気力が必要だったはずで

す。今は昔と違って、ちょっとした仕事上の注意も「パワーハラスメント」と言われることがありますから、注意や叱責をするにも相当の覚悟があってのことかもしれません。それに、まさか君は「月は西から昇る」と言ったとか、条文や判例などを誤用したのではありますまい。

人生は「横軸」ではなく「縦軸」で歩みましょう

どうして同期の弁護士や後輩の弁護士を意識するのですか？まずは自分の"身の丈"を見出し、等身大で職務を遂行してください。環境と能力に見合う仕事をするのです。

私が商法を学んだ田中誠二先生の言葉に「微力な者は微力な者らしく力を集中して」というものがあります。一生懸命にやれば何とかなる。私にはこの言葉が心の種になり、最高裁判所判事在任中は、ホームページに「継続は力なり」という人生観を掲げていました。これは田中先生の言葉の言い換えです。

今は眞に「何をなすべきか」（将来）を考え切磋琢磨する時期です。人生の縦軸は、いずれ私のように「何をなしたか」（過去）に進むのですから。

そして、貴方は4年目の弁護士。そろそろ、小さな事件でもいいですから「自分の事件」を処理されるようお勧めします。

気配り、目配り、耳配りなど並大抵な苦労ではありませんが、自分の事件を通じてのみ得られることは少なくありません。先輩の事件の補助をすれば勉強になりますし、知識経験の豊かな先輩に指導を受けながら仕事を体得できるのは最高に恵まれた環境ですが、あなたは弁護士でしょう。いつまでも人の仕事のお手伝い

「だけ」ではいけません。自分の事件に責任をもって処理し、自ら法曹としての等身大の生き方を見出すきっかけにしてください。

　私は弁護士登録後、イソ弁を2年務めた後、一期後輩の弁護士と共同事務所を開設しました。遮二無二に事件処理をして「何をすべきか」（将来）を見出し、紆余曲折を経て今日に至りました。君のように大手法律事務所で修業を積んだわけではありませんが、職務や会務そして閥務を通じて、著名な先輩[8]から「執中」〔しっちゅう〕（中を執るが天下の大道なり）を伝授され、法曹の心得である「真理は常に中間にあり」も体得させてもらいました。

　貴方が先輩からお叱りを受けるのも今のうち、そして有難きこと。
　現在の職場環境と地位を認識して、突き進んでください。切磋琢磨すれば必ずや道は開けます。

---

8)　所龍聖先生。「第23話　よすがとする言葉」をご参照ください。

第12話　仕事の進め方で悩んでいます
——5年目は「未だに洟垂れ小僧」

> 　私は5年目の弁護士です。ありがたいことに沢山のご依頼をいただき、取り組むべき仕事が十分にある状態で働くことができていますが、最近、手元の複数の仕事の進め方に迷うことが多く、また、多忙やご依頼いただく仕事のプレッシャーも高まり、全体として、レスポンス、処理のスピーディーさが落ちてきているように思っています。ストレスやプレッシャーと、先生はどのように向き合ってこられましたか。仕事の進め方について、ヒントはありますでしょうか。

　5年目の弁護士さん、私の「弁護士十年一人前説」の数え歌では、君は「五つ未だに洟垂（はなた）れ小僧」ですね。弁護士修行の真っ只中にいます。職務繁忙まことに結構です。羨ましさとともに、自分の昔を思い出します。

　私の生き様は、約5年間の最高裁判所判事時代を含めて半世紀以上の法曹人生です。この間、幾多の辛酸を舐め、俗称「倒産弁護士」として今日まで職務遂行できたのは、親に貰った丈夫な身体と職務に取り組む姿勢・胆力がその根源にあります。

　ストレスやフラストレーションは、法曹が対峙し解消しなければならない持病です。今回は、弁護士の心構え、事件処理の仕方やストレス等の解消法を伝授しましょう。

弁護士には「明るさ」と「愛嬌」が必要です

　弁護士は、依頼者から相談を受けた時、糾問的な発言やただ慎重な回答をするのは禁物です。依頼者は、たいていの場合、何らかに困って相談にいらっしゃることをお忘れなく。その人に対し、配慮ない言葉を浴びせてはいけません。

　たとえ、法律的には解決が難しい案件であっても、「努力します」とか「精一杯頑張ります」くらいの返事をしてあげましょう。それが、弁護士の使命であり、心遣いです。

　貴方は生来陽気な質ですか？　どうぞ明るく対応してあげてください。

事件処理は「迅速かつ的確に」が基本です

　コピーは湿式の青焼、証拠に提出する登記簿謄本をカーボン紙で手書きをした私たちのイソ弁時代とは異なり、現在は技術革新によって職務に要求されるスピードの次元が飛躍的に進歩しました。現状は、24時間メールが頻繁に飛びかっている時世です。遅滞・不的確な事件処理では弁護士の生存競争に負けます。

　しかし、近代機器の操作が不得手な弁護士にも、大きな仕事が舞い込んでくることはあります。例えば、2020（令和2）年には、とある会社の取締役の職務執行に関する調査委員会の職務を任されました。補助者の優秀な弁護士と共に、約2か月半、合計約700時間昼夜兼行で調査・検討し、大部な報告書を仕上げまし

た。ヒアリング等は電話・WEB会議で、作業の大半はリモートワークでした。お蔭様で衰えた視力も回復し、起案はもとより委員・補助者の原案を過不足なく加除修正でき、まだまだ弁護士としての現役の仕事に不足なし、と自負しています。

　お伝えしたいのは、古今、機器の進化を問わず、事件処理の鉄則である「迅速・的確」は不変ということです。

　貴方の事件処理の方法に遺漏はありませんか？
　至急点検してください。

ストレスを貯めない事件処理の仕方は

　前置きが長くなりました。ご質問の本題に入ります。
　ストレスを抱えながら仕事をしてはいけません。ストレスを抱えた状況になると、落ち着きがなくなり、自律神経がやられてしまい、血のめぐりがわるくなり、体の至る所に障害が出てきます。イライラした様子は、あなたの相談者や同僚に、必ず伝わります。いつもフレッシュな身体でいなければなりません。

　大きく二つ、ポイントをお教えしましょう。それは、「重たい仕事、苦しい仕事から処理する」ということと、「仕事の悪循環を避ける」ということです。

重たい仕事、苦しい仕事から処理することです

　仕事は、緊急を要する事件を早急に処理し、その後は、可及的速やかに「重たい仕事、苦しい仕事」に着手しましょう。ストレ

スやフラストレーションの根源である事件を先に処理するのです。

具体的な例としては、次のような手立てです。

嫌な相手・代理人と話す、交渉を始める

人間誰にも好き不好があります。また個性の強い弁護士もいます。不得手なタイプの相手、厄介な人と接することを避けてはいけません。それを避けては、すべての仕事が滞り、また、ストレスが溜まります。そういった相手には、「当たって砕けろ、成果なくてもともと」の精神でぶつかりましょう。存外、成果があったり、その方と仲良くなったりするものです。くれぐれも、相手の懐に飛び込む勇気と度量が必要です。

依頼者とは早く、しかもじっくりと話し合う

事件にはからくりがあって、依頼者の意図や問題の在り処が、代理人の理解と違ったりすることがよくあります。早期に依頼者との意思疎通をはかりましょう。

なお、私は最高裁判所判事時代に行政・民事・刑事の 30 余人の調査官と職務を遂行しましたが、時折、担当事件の調査報告書がなかなか提出されないことがあり、そのような場合に当人に状況を尋ねると、(論点の誤解のようなものも勿論ありますが、)当事者や訴訟代理人に対する気兼ねや決断の難しさなど、早期に話し合い、摺り合わせをすれば解決できる事情の影響を受けていることがありました。

未済事件を沢山抱えて煩悶するようなことがないよう、論点の角度を変えて調査することや、依頼者、当事者の意図を正確に把

握するための労を惜しまないことです。

　貴方はわが国の将来を担う弁護士でしょうから、事件の問題の在り処を速く見出し、それを早急に処理して、ストレスから解放されましょう。必ずや事件処理の回転がスムーズになるはずです。

危ない事件は速く処理する

　弁護士稼業は複雑で、時には「危ない事件」を受任することとなったり、「危ない事件」の相手方代理人になったりすることもあるでしょう。受任時に疑念があっても断わることが難しい状況であったり、代理人として紛争に巻き込まれたりすることがあるのです。

　そんな事件からは「速く退く」ことが大事です。度胸を決めて、必要な筋を通し、将来に禍根を残さないことが肝要です。預かっている資料や財産があれば返却して、決然と辞任してください。もしも予期せぬ紛争に巻き込まれたら、これがまた大きなストレスの種になります。

　貴方が自身で処理できないのであれば、速やかにパートナーやしかるべき上司に相談して、素早く処理することです。困ったときにすぐに動いてくれる弁護士の有り難さを学ぶ機会にもなるでしょう。

仕事の悪循環を避ける

　重たい事件や嫌な仕事から解放されたら、残った事件を処理し

ていきます。将来的展望や仕事以外の活動もありましょう。また、家庭生活もあります。

　ここで、事件処理に手詰まりになったら、どんどんとその分配をしましょう。手順と礼節を尽くして、同僚や後輩に分担を頼むのです。5年目の質問者であれば、統括するパートナーに率直に申し出て調整の労をとってもらうのが大切であり、この場合、割り振ってもらった仕事、頼んだ仕事には口出しをしないことが大事です。

　悪循環を回避すれば、職務を効率的に遂行できるのです。

まとめ

　以上、実（まこと）しやかにいろいろと申し上げました。その内容は『古くて新しい問題』を経験に基づき語り伝えたに過ぎません。これは言い換えれば、温故知新すなわち「古きをたずねて新しきを知る」ことかもしれませんね。

　私も、先輩から伝授された『古くて新しい問題』を、半世紀余の法曹人生の事件処理を通じて検証させて貰いました。

　カラッとした気持ちのよい生活を目指して、「いやなことからやりきる」ことを忘れないでください。

第13話　受任する事件・しない事件
——6年目は「碌でなし」

> 　私は6年目の弁護士です。才口先生は、どのような観点から、受任する事件と、お断りをする事件を判断されていらっしゃいますでしょうか。自分の許容量の問題に加え、筋の問題、能力の問題など、いろいろな観点で受任判断に迷う場面があるように感じています。弁護士を職に選んだ以上、ご依頼のあったことについてはすべて力になりたいのが本音ですが、現実はそうもいかず、どのように自分の中で基準を作っていくか、悩んでいます。

6年目は「碌でなし」

　私の「弁護士数え歌」では、6年目は「碌でなし」。「無理をせず」に構えず物事に取り組みましょう。

　個人や組織の実際の力量である「身の丈」を知ることです。身の丈を超える仕事を受けては、いけません。

　生業として選ばれた"弁護士"も、存外容易な稼業ではありません。

　弁護士の使命は、人権の擁護と社会正義の実現にあり（弁護士法第1条）、その職務は訴訟事件、非訟事件、行政不服申立、その他一般の法律事務です（同法第3条1項）。

　メガローファームに在職される弁護士は、訴訟・非訟・行政事件などに関与される方もおられますが、その多くはファイナンス

やM＆A等の特化された専門分野を生業とされ、これらは「その他一般の法律事務」への関与です。

また、弁護士の職務は委任による代理関係が原則ですが、昨今は能動的事件も増えています。

このような中、事件受任の判断基準は、弁護士の職責の根本基準である弁護士法第２条に規定される「深い教養の保持と品性の陶冶」に依拠する問題です。その選別は、個々の弁護士の資質や素養に負う部分が多く、学問によって容易に選別の基準値である人間性や知性が磨き高められるものではありません。その多くは経験により学習しますので、"失敗は成功の母"の慣用句を身もって体現してください。

受任の際に心がけるべき要点は次のとおりです。

事件の筋と軸を見通します

事件には「筋」と「軸」があります。弁護士は「法の支配」の下で紛争を解決しなければなりません。「軸」をずらし、"屁理屈"こねて紛争解決をしても、クライアントは喜ぶかもしれませんが、法曹人として顧みれば気恥ずかしい事件になります。

紛争解決は「法の支配」の下に正論をもって旨とすべきです。

まず、相談内容から事件の「筋」を推論して落としどころを探ります。事実関係の確認は書証を優先して人証は第二義とします。控訴審・上級審事件はともかく、同業者の関与事件は避けます。日弁連の機関紙「自由と正義」末尾記載の懲戒事例の点検や目配

りが必要です。

受任能力を客観的に把握する

　弁護士の力量の問題です。研鑽と経験と専門性によって培われますが、組織力も紛争解決の原動力です。メガローファームはパートナーの傘下にアソシエイトはじめ、パラリーガルに至るまで多くのスタッフを擁しています。問題は如何に適材適所の人財を駆使するかです。機敏にして的確な判断能力者を参謀として登用して、自己の力量不足を補います。

不受任事件の対応は簡潔丁寧に

　弁護士職務は有償ですから、"がりがり亡者"になることは避けてください。得てして甘い話には謀略があり、その選別の眼力も弁護士の素養の一つです。

　不受任事件の対応は簡潔・丁寧を旨とします。その回答は表現が簡単で要領を得たものであり、必要に応じて書面に認めておけば紛争の予防になります。また事件のコンフリクトは不受任の正当事由です。チェックを怠りなく行いましょう。

　ご下問に対する回答が新人弁護士の研修講話めいてきました。"てんから和尚にはなれない"とは名言です。八十路を超えた老骨弁護士が研鑽と経験から得た偽らざる心境です。

第14話　修羅場を味わう

——7年目は「生意気盛り」

　　私は7年目の弁護士です。先日、案件で修羅場と呼べるような
イレギュラーな事態が生じ、クライアントの前にもかかわらず、
慌てふためいてしまい、先輩弁護士から「修羅場にこそ弁護士の
本分があるのだから、アシスタントの前では決して慌てふためい
てはいけない」と厳しく叱責を受けました。先生は、50年以上、
弁護士・裁判官を務めておられるのですが、これまでの弁護士・
裁判官人生で「最大の修羅場」と呼べるようなものは、ありまし
たでしょうか、また、その修羅場をどのようにして切り抜けられ
たのでしょうか。

　私の「弁護士数え歌」では、7年目の弁護士は「生意気盛り」。
貴方への回答は、私の経験談に代えてお話ししましょう。

　半世紀を超えた法曹人生の中で修羅場とおぼしき場面を追懐し
ます。

　人生つづら折り、山あり谷ありの曲がりくねった坂道です。ま
して、私は倒産弁護士でしたから、比較的「修羅場」が多かった
かもしれません。

倒産事件と時代

　生来、大ざっぱな性分ですから、瞬時かつ大量・迅速処理が求

められる倒産事件には適していました。

　もっとも、弁護士登録をした1966（昭和41）年頃（半世紀以上前）、倒産事件は日のあたる分野ではありませんでした。

　イソ弁を2年間終えて所属した事務所は会社整理や再建事件を多く手掛け、債権者集会などに出席する機会がありました。債権者集会では灰皿が飛び交い、社長が椅子で殴られることなども珍しくなかった時代です。

　当時の倒産（法的処理）のバイブルであった「倒産五法」も有効に機能せず、特に「和議法」は"詐欺法"と喧伝されていた状況であり、私的整理が主流の倒産事件処理時代でした。

　そもそも和議要件は最初から全部の条件を出す必要があったのですが、倒産事件の性質上、そんなことができるわけもなく、また、事件をほったらかして全く何もしない担当弁護士が多く、地域によっては、筋の悪い連中が跋扈していました。

　こんな状況の中から、私も徐々に法的倒産手続に関与することになり、多くの会社更生事件の保全管理人や管財人などを務めましたから、幾多の試練と苦難の場がありました。申立代理人として、あるいは管財人として関与し、若き血をたぎらせた事件や会社の行く末に関心をもった事件も決して少なくありません。立場は変わろうとも、「倒産弁護士」の手腕の見せ所は会社再建の可否に帰着します。

　それが修羅場であったかどうかはわかりませんが、このような事件の中には相当に緊張感の高い状況が多々ありました。自分が関与した事件の詳細については語れませんので、法制審議会倒産法部会における新倒産法制の制定と改正直前の修羅場の一幕を披露することにします。

私の「戦い方」

　倒産法部会は、1996（平成 8）年 10 月 8 日に発足し、2004（平成 16）年 11 月 26 日までの約 8 年間に新・旧合計 65 回の審議会が開催され、民事再生法を皮切りに、会社更生法、破産法、特別清算手続と新倒産法制の制定と改正を行いました。司法制度改革の潮流とバブル経済崩壊後に続発した倒産あるいは経済破綻に対応する抜本的かつ画期的な立法作業でした。

　作業の最終段階である「民事再生法」の制定直前に法務省から提出された倒産犯罪の厳罰化案をめぐり、われわれ弁護士会メンバーがこぞって同案に強硬に異論を唱え、これを阻止したことがありました。

　まず、論客を自認する故 田原睦夫委員（元最高裁判所判事）が法務省案に対し、「牽強付会」と反論して論陣の火ぶたを切りました。そうしたところ、皆が口々に騒ぎ出し、制度が定着するかどうかもわからない段階で犯罪厳罰化を狙うなどけしからんなどと大変な言い合いが始まり委員会は騒然となって審議は中断しました。

　そこで、不遜にも私は、「民事再生法制定・施行の直前に、当委員会の長年の結束と友好にもとる改正案を強行採決するのであれば、弁護士会委員及び幹事は全員即刻本会議から退席する。最終判断は部会長の人格と識見を信頼して一任する」と発言しました。

　会議は暫時休憩し、部会長の故 竹下守夫先生（法務省顧問・一橋大学名誉教授）は事態収拾のため継続審議とし、次回審議会に

おいて倒産犯罪の厳罰化の審議は新破産法の改正に委ねる旨英断され、大事に至らずに済みました。

倒産犯罪厳罰化の法務省案は、倒産直前の債務者及び関係者の実態を詳細に検討し、また多くの弁護士が倒産犯罪に関与しているという趣旨の各種資料が提出されていました。

当時、日弁連倒産法改正問題検討委員会の正・副委員長であった私と田原委員は、この詳細な資料を初めて目にし、また、本林徹日弁連会長もこの事態を憂慮して、反対の「日弁連会長声明」を発令する準備をしていました。

この事態を速やかに収集すべく、本林会長には会長声明の猶予をお願いし、かたや裁判所の委員や法務省の委員にも打開策を模索しましたが、功を奏せず、やむなく委員会において前記の前代未聞の無謀な手立てに及んだ次第でした。

ご承知のとおり、民事再生法の罰則は、2004（平成16）年5月制定の新破産法において犯罪類型を分類・整理した規定の一部に集約されました。これが私の、事件以外における「最大の修羅場」の一つかもしれません。

そして「最後の修羅場」は、2004（平成16）年1月6日に最高裁判所判事に任命され、弁護士任官判事として"権力に対抗する立場"から"権力を行使する立場"にコペルニクス的転回をしたことでしょう。

任命の翌日、朝日新聞朝刊の"ひと"の欄に【最高裁判事に就任した倒産事件エキスパート弁護士】と題して前述の最大の修羅場の余話が次のように報道されました。

『けんか上手でもある。法務省案に「再建への努力を委縮させる」と反発。「こんな案を通せば退席だ」と圧力をかける一方、日弁連には反対のむしろ旗を立てないよう説得を重ねた。正面衝突を避け、「現状維持」を巧みに勝ち取った。』

言い得て妙な、今は昔の史実です。

第15話　仕事のモットーとは

> 　私も、7年目の弁護士です。先日他の専門職の方と話をしている際に、仕事におけるモットーの話になりました。
> 　弁護士になって以降、「少しでもいい仕事をしてクライアントに喜んでもらいたい」、「少しでも早く一人前の弁護士になりたい」という思いをもって仕事をしてきましたが、『自分の仕事に関してのモットーとは何か？』という問いを正面から聞かれると、なかなか思いつきません。先生は、新人の頃、また中堅の頃、どのようなモットーを持って業務にあたっていましたでしょうか。また、そのモットーは、今までの法曹としてのキャリアの中で変わってきていますでしょうか。

7年目は「生意気盛り」

　第14話に引き続き、7年目の弁護士さんからのご下問です。

　今から自分のモットーは何かなどとお考えなのですか。

　改めて、私の「弁護士十年一人前説」の数え歌の七つは「生意気盛り」ですが、ご相談者さんは老成していますね。嬉しさとともに驚きを覚えました。

　モットーは、処世訓、座右の銘などといわれ、これに類するものに名言、名句、格言、ことわざなどがあります。これら先達のモットーが重用されるのは、いずれも偽りがなく真理を含んでいるからであり、見聞きする人の一生や人間の理解、自己啓発や人

生展開などに資するからです。

　「人事を尽くして天命を待つ」（古諺）
　「過ちを改めることを憚ることなかれ」（孔子）
　「求むればこれを得、捨つればこれを失う」（孟子）
　「一歩後退、二歩前進」（レーニン）
　「千日の稽古を鍛とし、万日の稽古を錬とす」（宮本武蔵）

などと、枚挙に暇がありません。

再び、「施無畏」の話

　私は約40年間弁護士を務めた後、65歳にして最高裁判所判事に任命され、約4年8ヵ月の任期を終えて弁護士に再登録して今日に至りました。

　最高裁判所判事時代、判事室に半畳程の扁額「施無畏」を懸架して執務していたことはお話しました（第10話）。判事室の美術品等は、原則として最高裁判所所蔵の書画等に限るとされていましたが、先例を排し、執務をする判事室には心が落ち着く自分と縁のある作品を置くこととして、理解を得ました。

　第10話でも述べたとおりですが、「施無畏」とは、広辞苑によれば「三施の一。衆生の種々の畏怖の心を取り除いて安心させて救済すること。観世音菩薩の異名。」とあります。また、仏様が右手または左手の五指を伸ばし、手の平を外に向けて肩の高さに上げるしるしを「施無畏印」といいます。

　多分、揮毫された四元義隆氏が、「裁判官の心の在り方」を教授して下さったものなのだろうと心得ています。この「施無畏」

をモットーにして職務に精励し、在官中、自分としては異常にして能力の限界を超えた、合計1万4,896件の事件を処理して無事退官しました。

57年の法曹人生で得たモットーは、「不断」。そして「黙」。

退官して15年が経過して老残の身となりました。今日まで継続してTMIの新人弁護士研修を担当させてもらっています。弁護士・判事通算57年余の法曹人生で得たモットーは、「不断」です。

「絶え間のない努力」。これが、わが法曹人生の集大成です。

ちなみに、退官後、扁額「施無畏」の懸架されている円覚寺を訪れ、当時の管長 足立大進老師にご挨拶に参上した折、私は「黙」と揮毫された色紙をそっと手渡されました。2020（令和2）年に入寂されましたが、足立老師から、「任務を終えた者」への戒めのモットーと理解していますが、如何でしょうか。

ご相談者さん、モットーは先人・賢者が人生の哲理を集約した悟り、教え、自戒、励ましの言葉と心得て、今は一瀉千里と職務に邁進するがよろしいと思います。

あなたが求めている"モットー"は自然に、いずれあなたの身に陰としてついてきます。

第16話　話術の良し悪しは、声、弁、才、博で決まる
——8年目は「矢っ張り自信なく」

> 　私は8年目の弁護士です。弁護士というと「交渉に強い」という印象を持たれることも多いのですが、私はあまり人に強くモノを言えるタイプの人間ではなく、昔から「交渉」というものに苦手意識があります。書面上の交渉は論理が先行するため、あまり問題はないのですが、対面での交渉となると、大きな声を上げる交渉相手には、どうしてもやりにくさを感じて、上手く対応できません。
>
> 　また、間違ったことを言っている相手方にも、うまく反論ができないこともあります。得意な書面に専念し、対面の交渉は他の弁護士に任せるように割り切った方がいいのでしょうか。

矢っ張り自信なく

　8年目の弁護士さん、よくぞここまで頑張りましたね。でも、私の「弁護士十年一人前説」の数え歌では、もう少しで一人前です。

　書面の作成に長けるが交渉下手では裁判官が向いていたのでは？　……判事も十年で漸く「補」がとれますが、交渉下手では和解に不向きな裁判官になったでしょう。そこで「対面交渉はほかの弁護士に任せよう」なんて意気地（いくじ）のないことを言

わないでください。弁護士の本領の半分を捨てるようなものです。

　確かに交渉上手・下手は天性のものもありますが、切磋琢磨すれば自ずと身につくものです。私の経験を踏まえて方法を伝授しましょう。

話術の良し悪しは、声（発声）、弁（語り口）、才（センス）、博（教養）で決まります

　私は、落語が好きで、学生時代はよく上野の鈴本や新宿の末廣亭に通い、五代目古今亭志ん生や六代目三遊亭圓生をひいきにしていました。軽妙な言い回し、リズム感、拍節感（はくせつかん）そのすべてにおいて、言葉の魅力に溢れています。

　圓生師匠が演じた落語の"まくら"で

> 「話術の良し悪しは、声（発声）、弁（語り口）、才（センス）、博（教養）で決まる」

と語られ、今でもこれらを交渉事の参考にしています。出典は中国の梁時代の高僧の教えだったと記憶しています。

　「声」や「才」は天性のものかもしれませんが、貴方は書面交渉を得意とするのですから、「博」は十分とお見受けします。また、「弁」は訥弁であっても貴方の人間性を遺憾なく発揮して全力投球すればよろしいのです。多弁が良いわけではありません。是非とも自信を持って、率先励行してください。

ところで、昨今はコロナ禍もあり、人と人との信頼関係の構築が難しい時代になりました。そうした中、「信頼関係の構築は五感にある」との論考を目にしました。五感とは「視覚」、「聴覚」、「嗅覚」、「味覚」、「触覚」で、これらを共通にすることで、信頼関係というものができあがっていくということなのでしょう。新型コロナが猛威を振るった2020（令和2）年以降は、三密回避のため、嗅・味・触覚の機会が減りましたが、交渉では、相手の匂いを嗅ぎ、共に食を味わい、お互いの肌合いを見極めることも必要です。交渉の要諦は"人間力"のぶつかり合いですから、難しい、あるいはやりにくい相手こそ、何度でも気持ちを奮わせて、会って、話して、共に時間を過ごしてみてください。苦手だから避けようとすれば、それは相手に伝わります。それでは交渉にはなりません。飛び込んでいく意識を、常に、どれほど忙しくても、忘れないようにすることです。

横着をしないでください

　どうかくれぐれも、時代の趨勢に便乗して、交渉を視覚・聴覚だけで済ませるような横着をしないでください。ますます交渉下手になりますよ。

　コロナ禍がようやく終息を見せつつあることから、多くの会社や法律事務所が、失われてしまった構成員同士の絆のようなものを復旧しようとしているようです。若い世代の法律家の皆さんの中には、周りの人々と積極的に関わることが苦手という人も多いように思います。しかし、人は一人で生きているのではありません。誰かとかかわりあいながら、生きていくものです。それが人

であり、社会です。「人間力」を養うためにと腹を決めて、思い切って周りに声をかけてみましょう。

そして、それを温かく見守ってあげる環境も大切です。

私が所属するTMI総合法律事務所では、コロナ禍においても、田中克郎代表弁護士らが所内行事の継続とそのための対策等に腐心されています。これらは、事務所の人間関係の構築の継続のために取り組んできたことに他ならないのだと強く感じます。

第17話　チーム・リーダーの資質と修練
──9年目は「苦労の連続で」

　私は9年目の弁護士です。これまでも所内の弁護士・弁理士のチームの中で、いわば現場のリーダーとして業務に携わることは少なくありませんでしたが、最近、海外のローファームの弁護士や国内の他の事務所の弁護士や会計士などとチームを組んで案件に当たることが増えてきました。これまで以上に、良いチーム・ワークを生み出すために、現場のリーダーとしてどのような立ち振る舞いをすればよいのかを問われている場面が増えてきていると感じます。

　先生は、これまで倒産案件などで、多くの弁護士や会計士等からなるチームを牽引して当たられたご経験が多くあるかと思いますが、チーム・ワークという点で、どのような点を心掛けてきましたでしょうか。リーダーとしてチームを牽引していく上でのコツのようなものがありましたら教えてください。

チーム・リーダーの資質と修練

　もう少しで一人前になれそうな9年目弁護士さんからの苦悶のお訊ねですね。

　私の「弁護士数え歌」では、9年目は「苦労の連続で」。

　士業界に身を置けば異業種との交流は世の習い、業務拡大にも繋がる絶好の機会です。しかし、われわれ法律専門職は異業種の内容と実態を知らない職業音痴でもあります。

　巷間語られる「税務を知らない弁護士は半人前」とは、けだし

名言です。折角勝訴しても、クライアントの腹の足しにならない判決は"画餅"ですからね。

「意欲と実行」がチーム・リーダー養成の要諦です

ご下問の趣意は「チーム・リーダーの資質と修練」と理解しました。資質は生まれつきの才能ですが、意欲と実行で修練を積めば「チーム・リーダー」になれると経験的に確信します。

私は俗にいわれる"倒産弁護士"でしたから、法律論だけでは生き抜けない渡世を経験しました。

もちろん経営学などを体系的に学んだことはありません。

しかし倒産会社の管財人は、一刻を争って任務を遂行しなければ会社を再建はできません。率先垂範して早朝出勤し、債権者や取引先と交渉し、月間指標を掲げて社員の士気を鼓舞し、労いもしました。施策が失敗したこともありました。修練の結果、体得したのが経理であり、交渉・説得術であり、統率力などです。倒産会社の実務が、リーダー力も培ってくれました。

そこで体得した知恵は『意欲と実行』です。

未知なことがあったら好奇心をもって即刻学び、教えを請い、直ちに実行する。経理しかり、異業種の実態しかりです。この『意欲と実行』がチーム・リーダー養成の要諦であり、統率力は自ずと追随してきます。

焦る必要はありません

　昨今、チーム・リーダーの資質にスポーツマン・シップが重用され、人材登用の要件にも加えられています。確かに、スポーツは対戦相手を熟知して即時に対応しなければならず、団体競技ではフォーメーションやチーム・ワークの修練が必須です。「一芸に秀でる者は万事に秀でる」のたとえを先取り実践しているのかもしれません。

　もっとも、チーム・リーダーに到達することを焦る必要はありません。ご相談者さんには、意欲をもって実行さえすれば、リーダーとなる素地が必ずあります。素地があれば、照らされれば光るものです。瑠璃も玻璃も照らせば光るというではありませんか。「土石（どしゃく）転じて金銀（こんごん）と成る」の教えは、周りからみたときの意だけでなく、あなた自身が、あなたの中に備わっている素地を見つけ出すきっかけでもあると考えてください。

　どうぞ、不断の努力を怠らずに 10 年目を迎え、リーダー力を備えた一人前の弁護士に成長してください。

第18話 「筋」と「軸」を見極めよう
── 10年目は「到頭一人前」

> 　私は10年目の弁護士です。年次が上がるにつれ、だんだんと取り扱う業務の傾向に変化が生じてきて、法文や判例を調べることで「正解」にたどり着ける類のものから、AとBという2つの選択肢があるとき、いずれも法律上の問題はないが、いずれを選択すべきかの判断を迫られる類の事件が増えてきました。先生はそのような判断が求められる場面で、どのような判断軸で選択をしてこられましたか。活躍されてこられた先生の判断軸のようなものがあれば、知りたいと思っています。

10年目は「到頭一人前」

　10年目の弁護士さん、私の「弁護士十年一人前説」の数え歌の十番「到頭一人前」に至るまで辛抱されて頑張ってこられましたね。まずもって敬意と慰労の意を表します。10年たてば一時代。苦労も多いこの仕事を、よく続けてきました。

　私が法曹として辿った時代や社会情勢、事務所の形態も異なりますから、参考になるか、いささか疑問ですが、ご下問に対する所信を披歴しますので、将来の便（よすが）にしてください。

「筋」と「軸」を考えます

　事案の「結論」は、法曹としての「筋」と「軸」を何処に置く

かの問題です。

　ひとかどの法曹になるには、誰もが体得しければならない視点でしょう。

　まず「筋」は、「素地・素質がいい」などと一般に言われますが、考え方など全体を貫いている一本の線のことです。事案の条理や道理を見通す能力で、持って生まれた個人的資質もありますが、経験から学び取り、洗練される能力でもあります。

　具体的には、案件の事実から法令のフィルターを通して、早期かつ的確に結論を導くことができる資質と言い換えても良いでしょう。

　他方で「軸」は、物事の要（かなめ）であり、軸足を何処に置くかで導き出す結論が異なり、結論に格差を与える視点です。縦軸、横軸、現在・未来軸などいろいろありますが、法曹として活動する要であり、資質と経験によって磨かれた人間性も如実に反映されます。

あとは自ずと

　この「筋」と「軸」が定まれば、事案から法曹として導かれる結論は自ずと定まります。

　また「筋」と「軸」はぶれないことが肝腎です。欲心があると心がくもり、対象物が歪んで見え決断が鈍りますから、呉々もお気をつけください。

　ご下問のＡとＢの選択肢の判断軸は、クライアントのニーズとあなたの熱意の程度によるでしょう。瞬間的な利益を欲するクラ

イアントか、将来的展望をするクライアントかの見極めと事案に対する情熱が、選択判断の大きな要素となります。

　10年目の弁護士さん、あなたもそろそろ事務所のパートナーの適格者ですね。あなたは弁護士として才能のある「人材」であることに間違いありません。これからは才能を鍛え練り上げて、ひとかどの「人物」に成長してください。

　お互いに"謦咳（けいがい）- せきばらい - に触れたい"と期待される法曹になりたいですね！

第19話 独立とは「弁護士道の人間として 通用する証」

　才口先生は弁護士になられてから4年後に独立され、ご自身の事務所を立ち上げられました。当時と今では弁護士を取り巻く状況はだいぶ異なると思いますが、弁護士になった以上は、少なくとも、いつでも1人で仕事をやっていくことができるという気概をもって過ごすべきだと思います。先生はどのような思いで独立に至ったのか、独立されたときのお気持ちなどを教えてください。

独立とは「弁護士道の人間として通用する証」

　独立は「弁護士道の人間として通用するほどになっている」という証です。

　居候弁護士（通称「イソ弁」）の初任給が月額5万円時代の独立の気概を追憶します。

　イソ弁は丸の内の長老事務所で2年間勤めました。証拠の登記簿謄本を鉄筆とカーボン紙で作成するのも職務の一部でした。その後、銀座の縁戚の弁護士事務所でじっくりと仕込まれ、2年間の修業を経て同事務所の仲間であった司法研修所第19期の篠崎芳明弁護士[9]と共同事務所を開設しました。この共同事務所は2年で解消し、当時、東京都弁護士協同組合の役職を務めていた関係で、販促に協力して愛宕山弁護士ビルの一室の分譲を受けて完

全独立しました。今から半世紀前、遅まきの三十路の初頭の事です。

倒産弁護士として

独立は単に自分の事務所を持つことではなく、「弁護士道の人間として通用する証」ですから、行程は多事多難でした。エキスパートあるいはスペシャリストへの修練と「専門」の体得の時期です。

倒産弁護士のジャンルに入ったきっかけは、旧商法の会社整理の整理委員を務めたことと、会計帳簿等が存在しない会社の破産管財人に選任されたことにあります。会社整理の申立代理人は故本林譲弁護士（元最高裁判所判事）であり、無帳簿会社の破産管財人を選任されたのは佐藤歳二弁護士（元裁判官・ＴＭＩ総合法律事務所顧問弁護士）でした。加えて、東京弁護士会副会長として渉外を担当し、東京三会及び裁判所、並びに検察庁の多くのお歴々と知己を得たことが、倒産事件を生業とする弁護士として通用することになった由縁です。

顧みれば、いわゆる倒産弁護士として多くの管財人等を務め、司法試験考査委員（破産法）や法制審議会倒産法部会委員として、民事再生法等の立案・修正に関与し、倒産弁護士として初めて最高裁判所判事に任命され、無事任期を務めあげられたのも、その端緒は前記のとおり些細な事件処理が始まりでした。その間、親

9）　篠崎芳明先生は、元日本弁護士連合会民事介入暴力対策委員会委員長。浜松の反社会的勢力を一掃して勇名を馳せました。

にもらった丈夫な身体とモットーである"不断"（絶え間のない努力）の心意気で戦い抜いた弁護士・判事通算 57 年の法曹人生です。

　時世と形態が異なる現在の組織の下では、パートナー就任も、まさに独立に相当するでしょう。専門性と独自性を涵養（かんよう）して、「弁護士道の人間として通用する証」を早期に獲得してください。

第3章

しなやかに生き抜こう

第20話 「愛嬌」がある人とは

先生のブログをとても楽しみに拝読しています。
　第12話の「弁護士には明るさと愛嬌が必要です」という先生のメッセージが心に残りました。
　私は、暗いとは思いませんが明るいというほどでもなく、愛嬌がある人になりたいと思いますが、先天的に愛嬌に溢れているタイプでもありません。しかし、私も先生のような魅力的な人になりたいです。そのための努力を惜しむつもりはありません。
　明るさや愛嬌のような個人の資質、傾向にかかわることを伸ばしていくにあたって、どのような努力をすると良いのでしょうか。ぜひアドバイスをいただけますと幸いです。

　設問にお答えするため旧稿を確認したところ、"温故知新"（古きをたずねて新しきを知る）を改めて認識しました。老骨の法曹は性懲りもなく、終始、「愛嬌」を言い続けています。

法曹の資質五要素

　何故に法曹の資質五要素「感性、寛大、分別、知恵、愛嬌」の最後に「愛嬌」が鎮座しているかの真相を白状すれば、その実は以下のとおりです。
　最高裁判所判事就任の前年まで、母校の新入生向け講座である"法曹論"において、毎年数百人の受講生に以下の法曹の資質を説き、法曹への道を推奨し奮起を促していました。

① 感性　喜怒哀楽が通じあえる心の温かさ
② 寛大　共感しあえる心の広さ
③ 分別　是非分別の判断
④ 知恵　問題解決の知恵
⑤ 愛嬌　明朗

　ところで、前記①から④までの資質については受講生に容易に講義できたのですが、⑤の「愛嬌」は、苦悶の末、講師の職を辞する数年前に要素に加え、その後、判事経験を経て、当事務所における新人弁護士研修の「講話」等で毎年提唱している要素です。

愛嬌を身につけましょう

　そもそも「愛嬌」とは何でしょうか。

　広辞苑には「人に好かれるような愛想や世辞」とあり、"愛嬌をふりまく"などと慣用されています。また、「愛嬌」は「愛敬」とも書き、意味は「親しみの心を持つこと」ですが、奥義を究めれば、それは密教の"敬愛法"にも結びつきます。
　何故に、この「愛嬌」を法曹の資質五要素の最後の一つに加えたのかの理由は、法曹を生業とし、司法の一翼を担う弁護士から裁判官へ、そして再び弁護士に回帰した人生行路にあります。端的にいえば、"権力対抗者"から"権力行使者"へ立場が変わり、法曹として司法を担う裁判官、検察官、弁護士の職務と立ち位置を認識したからにほかなりません。

検察官は「愛嬌」を振りまくことはできませんし、裁判官も「愛嬌」を表情に出して心証を明らかにすることはできません。

　訴訟比率が10パーセントそこそこの現状において、紛争解決の大部分はわれわれ弁護士に託されています[10]。

　もちろん、依頼者や関係者に「愛嬌」をふりまくことが弁護士の職務ではありません。

　しかし、依頼者に親しみの心を持って事件に真剣に取り組み、紛争を解決して心を安らかにしてあげることが弁護士の職務であり、使命です。不可識で合点のいかない様相で対応しても、好結果は得られますまい。

　すなわち弁護士は、職業の本質的に、性格的に暗いタイプよりは明るいタイプの方が向いているのです。愛嬌に溢れているタイプとまではいかなくてもよろしい。依頼者は弁護士の事件処理の一挙手一投足を注視しながら、迅速かつ的確に処理してくれる弁護士の"心の温かさ"や"人間性"を機敏に察知しています。そういった要素を持つからこそ、依頼者は弁護士を頼り、自らの一大事を託すのです。この心の温かさや真摯で人間的な姿を一言で表せば、愛嬌のある人、ということになるのではないでしょうか。

　どうぞ、ご自分の資質や傾向に拘泥せずに、全知全能を傾注して事件処理に邁進してください。その姿から、依頼者や同輩は、

---

10)　近時の紛争は多種・多様化し、かつ複雑・専門化しています。その結果、事件は大手や専門事務所に集中化し、従来の市井弁護士は事件減少で疲弊しています。このような弁護士業界の傾向は法曹志望者の思考回路にも影響し、最近は若年、短期速成型の弁護士が急増しました。改めて事件処理に対応する弁護士の姿勢が問われる由縁です。

あなたなりの愛嬌を見出してくれるでしょう。私が考える愛嬌は、自ら振りまくものというよりは、内なる姿として発揮される、あなたの優しさや、人のためになることをしようという気持ちの形です。弁護士という、他人のために尽くす職業を志した時点で、あなたには優れた愛嬌の要素がありますよ。心配は要りません。

　もっとも「答え」が求められる時代です。一つ、愛嬌ある人とよく認知されるために大切なことを伝えておきましょう。それは、いつでも機嫌良くしていなさい、ということです。鼻歌を歌う必要はありませんが、機嫌の良い人だなぁと周囲に思われるように心がけてみてください。きっと、あなたのことを愛嬌のある人だなぁと感じる人が増えていきますよ。

　第10話でお話しました扁額「施無畏」を揮毫された四元義隆先生は、山本玄峰老師（1866～1961）が再興した三島の龍澤寺できびしい修行をされたのですが、この玄峰老師が93歳にして揮毫した『大乗十来』の一節「愛敬自忍辱来」は"愛敬は心を安らかにすること"であり、次節の「知恵自精進来」は"知恵は精進すること"です。

　いみじくも法曹の資質につき語られた名言であり、けだし心に銘ずべき至言です。

第21話　伸びていく人、伸び悩む人

先生がこれまでご覧になってきた数多の後輩弁護士たちの中で、伸びていく人、伸び悩む人で特徴のようなものはありましたでしょうか。伸びていく、といっても「引き立てていただけるタイプ」「自分で道なき道を切り拓けるタイプ」などいろいろなタイプの弁護士がいると思いますし、一概に言えるほど単純なものではないかもしれませんが、ちょっとした共通点やヒントのようなものがあれば心得として備えておきたく、ご教示いただけますと幸いです。

伸びる人には理由あり

結論から申し上げれば、伸びていくか、伸び悩むかは、当人の「精進」次第です。そういってしまうと身も蓋もないと言われそうですから、「資質」、「研鑽」、「先見性」、「決断」の要素に分けてお伝えしましょう[11]。

---

[11] ご下問を受けて、色々な尋ね方があるものだなと思いました。伸びていく人にはある程度共通する傾向がありますが、そのうちでも、「引き立ててもらえる」タイプの方は“平穏無事”型弁護士として生業を立てることになりましょう。他方で、「自分で道なき道を切り拓ける」タイプの方は“勇猛果敢”型弁護士として突き進むでしょう。ただし、このタイプの方には危険が伴うことがあります。それは“カウンターパンチ”です。相手が攻撃を仕掛け始めたときに狙いをつけてパンチを出すと、相手には出ようとする力も加わっているので威力は倍増して思わぬダメージを食らいます。出処進退を見定めて突き進んでください。

「資質」—法曹五要素・再

　私は、判事就任前、各種公務等を遂行するとともに、母校中央大学の建学の精神である「実地応用の素を養う」を実践して10年間、大学の実務家講師・教授の任にあり、私法演習、破産法、法曹論を担当し、開校間近な法科大学院においては倒産法を講義する予定でした。

　特に、「法曹論」は、判事、検事、弁護士及び学者の四者がオムニバス法式で新入生に法曹の初歩を手ほどきする画期的な講座であり、受講者はいつも満席で、その中から多くの後輩法曹人が輩出しました。

　まず、何度でも書きますが、私が「法曹論」において"法曹の資質"不可欠要件と位置づけたのは、以下の5点です。

①　喜怒哀楽が通じ合える心の温かさ（感性）
②　共感し合える心の広さ（寛大）
③　是非分別の判断（分別）
④　問題解決の知恵（知恵）
⑤　愛嬌（明朗）

　①と②は、人間性と寛大性であり、感性の豊かさが必要ということです。

　③の是非分別の判断能力は、生来のものもありますが、「研鑽」によっても培われます。

　④の問題解決の知恵は、日々の「研鑽」によって研ぎ澄まされ

ます。

⑤の愛嬌は、明朗・公明正大性であり、法曹人には不可欠な要件です。

「研鑽」―不断の努力

「研鑽」は、学問などを究めることですが、"言うは易く行うは難し"の所業です。

私の座右の銘の一つに『不断』があります。絶え間ないことであり、これを色紙に認め身辺において日常の刺激と戒めとしています。

名句「少年老い易く学成り難し、一寸の光陰軽んずべからず」を実践して研鑽を積む以外に、理論を体現する途はありません。「研鑽」によって専門性が見いだされ、将来の進路が開けてくるのです。

現に、私は不断の「研鑽」によって、俗称"倒産弁護士"に活路を見いだしました。要は、張り切って勉強せよということです。

「先見性」―将来何が起きるかを考えましょう

「先見性」は、事が起きる前にそれを見抜く見識です。

日本経済は、ほぼ10年ごとに景気が変動して社会情勢も変革しました。古くは、糸偏・金偏景気時代もありましたが、所得倍増政策により急激に経済成長を遂げ、バブル経済時代に突入したのです。そんな情勢の中で、私は「いつか日本の経済は行き詰まり、倒産事件で忙しくなる」と先を見据えました。予想が的中してバブル経済は崩壊したので、まず関係者への根回しをした後

で法的整理に入る「プレパッケージ方式」を発想・実践し、また刻々と変わる経済情勢に呼応して「倒産法制改正」作業に参画するなどして、徐々に"倒産弁護士"を生業とすることになったのです。

「決断」—やりきることのみです

　資質があり、研鑽を積み、先見したのであれば、残るは「決断」のみです。決めたら、あとはやりきることを繰り返してください。

　ものごとをやりきるためには、断固たる決断が自らの底に存在していなければなりません。中途半端な気持ち、判断の上では、「ああしておけばよかった」「こう考えるべきだった」とあなたは右往左往するでしょう。決断したら、その是非はすべてが終わるまで振り返らないのです。決断してください。決断があるから、やりきることができます。

第22話　影響を受けた本

> 「本」というものは、先人の知を伝え、人の生き方を問い、新しい発見をもたらし、ときとして、我々の人生に大きな影響を与えるものかと思います。これまで先生が読まれてきた書籍で、先生の人生や仕事に大きな影響を与えたものがありましたら、私も読んでみたいと思います。ぜひおすすめの書籍を教えてください。

　齢（よわい）満85歳、半世紀を超える法曹人生の道すがら「影響を受けた本」は数少なくありません。私の読書法は多読・乱読にして調査読で、一貫性のないのが欠点です。

　中学生時代と受験時代、そして裁判官時代に「影響を受けた本」にまつわる話をします。

中 勘助著『銀の匙』

　太平洋戦争敗戦直後の混乱期から復興期に中学生時代を過ごしました。書籍が乏しく学校の図書館が頼りでした。幸いにも担任の国語教師がいろいろ手ほどきをしてくださいました。教師の毎日10ページの漢字練習（ドリル）の宿題には閉口しましたが、その教師が私に、中勘助著の『銀の匙』を渡して、「1年間かけて熟読せよ」との宿題を出してくださいました。

　『銀の匙』は、著者が幼少年時代の思い出をもとに、少年の目

で捉えた美的世界を清潔な文体で構築された物語です。また、著者は私の郷里である長野市の北東に位置する避暑地である野尻湖（最近、湖底よりナウマンゾウの化石が出土したことで有名）畔で孤高の生活を送られた方とのことで意欲が湧きました。

　前篇の書き出しは、「私の書斎のいろいろながらくた物などをいれた本箱の抽斗に昔からひとつの小箱がしまってある。……そのうちにひとつ珍しい形の銀の小匙のあることをかつて忘れたことはない。」とあります。

　この『銀の小匙』は、病弱だった主人公が伯母さんに育てられ、幼いころ薬を飲むために使った匙です。伯母さんに連れられて行った神田明神の祭礼や、閻魔様の縁日や、友達と遊んだ少林寺のお寺などの四季折々の風情と、主人公の感性が磨かれた幼年期から17歳までの成長の模様が美しく哀切に描かれ、伯母さんとの離別、兄との確執や恋物語などに展開します。

　前篇の最後は「これはもう二十年も昔の話である。私はなんだかお惠ちゃんが死んでしまったような気がしてならない。そうかとおもえば今でもお惠ちゃんが生きていておりふしそのじぶんのことなど思いだしてるような気もする。」と結んでいます。

　また、後篇は、癪癪もちで生徒の頭をぶつ中沢先生が大好きで、「御苦労にも家の庭にある棕櫚の枝をとっては痛い思いをするために新しい鞭を先生に与えた。」から始まりますが、感涙にむせぶのは、16歳の春に目が不自由になった伯母さんを訪ねていった時のくだりです。

　「私は伯母さんが家にいたじぶんのことを思いだし汚い針山から一本の木綿針をぬきとってあしたの仕事のために糸をとおして

おいた。」……「私たちは互いに邪魔をしまいとして寝たふりをしていたけれども二人ともよく眠らなかった。翌朝まだうす暗いうちにたった私の姿を伯母さんは門のまえにしょんぼりと立っていつまでも見おくっていた。」とあります。

そして、後篇の最後は、17歳頃の友人の姉との無言の別れが甘く美しく語られ、「頬のようにほのかに赤らみ、顎（あご）のようにふくやかにくびれた水密桃を手のひらにそうっとつつむように唇にあててその濃やかはだをとおしてもれだす甘い匂いをかぎながらまた新たな涙を流した。」と結んでいます。

思い起こせば、毎日ノルマをこなし200ページそこそこの作品を読破するのは難行苦行でした。それは、風鎮、印籠、根付、蓬莱豆、渋紙、状袋、皮籠、閼伽井、十万億土、台傘などの未知の字句や、名うての、コロリ、でろれん祭文、鎧どおし、フランネル、更紗、判の日、ぜんごなどの言いまわしです。漢字や意味を調べながら読み終えた感想は、甘酸っぱい作者の自叙伝のように思えました。もっとも、作者も随筆で「『銀の匙』はあのとおり読んではのどからしいものだけれども仕事は難行苦行であった」と記されています。

後年、『銀の匙』が"スロー・リーディング"読書法のモデルとして取り上げられていることや夏目漱石の『こころ』、『坊ちゃん』に次ぐ選書であることを知って改めて納得しました。

ただ残念なことに、昨今、"自分の文章がまだるっこいのは、『銀の匙』の文章の言い回しの影響かもしれない"と思えるのです。

尾高朝雄著『法の究極に在るもの』

　また、私は、司法試験の勉強をしていた頃に、尾高朝雄先生の
『法の究極に在るもの〔新版〕』を読みました。1955（昭和30）
年3月に有斐閣から刊行された古い本で、主に法と政治の関係を
説かれたものです。法の究極にあるのは政治の力であるが、法お
よび法学の確固たる自主性を基礎づける必要がある。それは法に
おける普遍と特殊性の追求にあるが、普遍か特殊かは、国民の中
で最も聡明な人の意思をもって総意とすべきであり、法の究極に
あるものは理念であるとされ、理念には道徳の理念もあり、宗教
の教理もあり、経済の目的もあり、文化もあると、その多様性を
説いています。

　私は、先生のこの考え方に大変感銘を受け、かつて母校で担当
していた法曹論の講義において、正義とは「究極の価値」である
と説明しました。これは、尾高先生の言われる理念と同じであっ
て、「究極の価値」は多面的、かつ相対的なものです。

　法曹の使命は、この「究極の価値」を探求することにあり、立
場は違いますが、探求者ということでは裁判官も、弁護士も同じ
です。その意味では、法曹三者は対立当事者ではなく協同探求者
といえます。ですから、弁護士から裁判官になっても、同じ探求
者として特段の違和感はありませんでした。法曹一元の必要が提
唱される理由もここにあります。

　ご質問者である貴方も、法曹を目指して勉学している各種の
事例の中に、また、将来法曹として処理する幾多の事件の中に、

「究極の価値」である各種の正義を見極めることになりますが、価値の探求ですから、そこでは価値観や価値判断が伴います。何が価値かの判断は、人間性、すなわち生まれ、育ち、教育、知識、学識、経歴、人生観、ポジション等により異なります。そこで貴方は、最も聡明な人間として普遍的な理念を探求することに努める必要があります。それが法曹になるための第一関門であり、法曹になってからの終生の課題であり、宿命なのです。

斎藤朔郎著『裁判官随想』

　青天の霹靂で着任した弁護士任官判事は、煩瑣にして繁忙な弁護士稼業から解放され、「すべての裁判官は、その良心に従い独立してその職務を行い、この憲法及び法律のみに拘束される。」（憲法第76条3項）ものと意気揚々と職務に着手したのですが、その喜びは程なくして夢と消え去りました。

　膨大な事件数と公務の遂行はやむを得ませんでしたが、早々に、「裁判官の良心」についての煩悶に遭遇したのです。先ほど紹介した尾高朝雄先生の『法の究極に在るもの』をはじめ、田中耕太郎元長官の論文、佐藤功先生の『憲法（ポケット註釈全書〔4〕）』に至るまで「裁判官の良心」の論考を必死に探索しました。その結果、斎藤朔郎元最高裁判所判事（1962〔昭和37〕年〜1964〔昭和39〕年・元参議院法制局長）の『裁判官随想』（1966〔昭和41〕年有斐閣刊行・絶版）が「裁判官の良心」に関して詳述しているのを発見しました。概略は以下のとおりです。

　「条文では、すべての裁判官は、良心に従いその職権を行い、

この憲法及び法律にのみ拘束され、事実の認定、法令の適用、刑の量定のすべてを裁判官の良心に従って判断すればよいのである。しかし、良心には、主観的良心と客観的良心があり、裁判においては、容器は個人的なものであっても、容器に盛りいれる内容は客観的、かつ普遍的なものでなければならない。裁判官の主観には精神活動も含まれるから、主観的良心は、自由、広範囲、安易なものである。これに対して客観的良心は『裁判官としての、あるいは裁判官として持つべき良心』であり、裁判官において求められるものは客観的良心である。

　裁判は裁判官のためにあるものではなく、国民のためにあるものであるから、裁判を受ける立場にある国民の側からして安心感の持てる良心でなければならない。

　また、裁判官の在り方について、「裁判官は付和雷同してはいけない。事大主義を鼓吹しない。所信を表明するのに怯懦（きょうだ）であってはならない。紛争の解決は、裁判の場合は、訴訟制度に任せるべきである。合議の決定や上級審の判断に対して耳を傾けて反省と思索を重ねる雅量と謙虚さを持たなければならない。裁判では客観的良心の涵養が必要である。」と説かれていました。

　正鵠を得た見事な論破で[12]、目から鱗が落ち、思考と研鑽不足を悟った裁判官時代に「影響を受けた本」の筆頭の一冊です。

　ちなみに、斎藤元判事は、往年、職務で中国に赴任し、帰国

---

12)　正鵠を得るのか射るのかは議論がありますが、私は、語源からして「得る」がよいと考えています。念のため。

時に奥様と生き別れになった身の上の方で、「疑わしきは罰せず、訴訟促進の技術、法服論議、真実の発見、裁判の事実認定、ウソとの闘争」など多くの論考とエッセイを残されておられます。

　最高裁判所判事在任中、幾多の殺人事件を担当しました。得手としない刑事事件の刑の量定で無期懲役か死刑の選択は責め苦の極みです。第一小法廷の強盗殺人事件で五人の判事の意見が分かれたことがあり、私は珍しく死刑相当の反対意見を述べました。

　結語部分で「無期懲役の原判決の刑の量定並びにこれを是認する多数意見には、私が裁判官として関与した死刑事件の刑の量定との比較において、著しく公平・均衡を失するものであるから、到底同調することはできない」と判示しています。

　しかし、原案は「多数意見には裁判官の良心にかけて到底同調することができない」というものでした。

　「裁判官の良心」とは何かについて大いに悩み、調査・検討の結果、判示文言に訂正した経過とその結果をおくみ取り頂ければ元未熟判事の本望とするところです。

第23話　よすがとする言葉

> 　弁護士登録以来苦節10年、ようやくパートナーに昇格してアソシエイトをかかえる身分になりました。前途多難と予想しますが、処世訓とは言わないまでも事件処理についてよすがとすべき言葉を教えてください。先生が多年の経験の中から見出された、業務処理の"コツ"を想像しています。

　端的に言って「執中」（しっちゅう）です。意味は紛れもなく「中を執る」であり、右でもなく左でもなく中を執ることです。

　中庸すなわち不変不党で過不足のない中正の道を歩み今日まで生きてきました。

　半世紀以上を過ごした法曹人生で一朝一夕にして体得した言葉ではありません。

　今にしておぼろげながら人生訓にしていると思える言葉です。

　1966（昭和41）年に東京弁護士会に入会し、法友会第8部「春秋会」に所属しました。「春秋会」は新鋭気鋭の派閥でしたが後に多くの日弁連会長を輩出した団体です。

　結成30周年の年にはからずも幹事長の大役を引き受け、記念式典とともに記念誌を発行することになりました。

　その折に創立者のお一人である弁護士所龍璽先生に色紙「執中」を揮毫して頂きました。

　墨痕鮮やかな草書で添え書きに「中を執るが天下の大道なり」

とありました。

　ご高齢ではありましたが当時ご健在で、白い立派な髭を蓄えられて記念式典にもご出席くださいました。

　最高裁判所では、多くの難事件を担当し悪戦苦闘の連続でした。

　そんな時彷彿と想起した言葉が「執中」です。不変不党で過不足のない中正の結論を選択することです。おもねることもへつらうこともなく妥協せず究極の選択をする決心をしました。

　「翼賛選挙無効判決」とは、中央大学の大先輩にして恩師でもある大審院判事吉田久裁判長担当の 1942（昭和 17）年（選）第 6 号翼賛選挙無効請求事件です。

　所龍璽先生はこの著名な事件の原告訴訟代理人を、1940（昭和 15）年の帝国議会において 2 時間以上も原稿なしで「反軍演説」をされた斎藤隆夫弁護士とともに務めておられます。ちなみに、被告鹿児島県第 2 区の訴訟代理人弁護士は太平洋戦争後に衆議院議長を務められた清瀬一郎代議士です。

　判決の詳細は、清永聡著『気骨の判決』－東條英機と闘った裁判官（新潮新書 2008（平成 20）年 8 月刊行）をご一読ください。

　当時の世相と司法権の役割が見事に描かれています。

　ご下問の「よすがとする言葉」の回答から大分横道にそれました。

　またまた紹介しますが、なかにし礼先生作詞、加藤登紀子作曲の石原裕次郎「わが人生に悔いなし」の二番の歌詞の後半には、「……右だろうと　左だろうと　わが人生に悔いはない」とあります。

極右も極左も困り、処世術はやはりモデラートであることが鉄則です。

　顧みれば、求められた色紙の多くに「執中」と揮毫したのは、よすがとする言葉である由縁です。

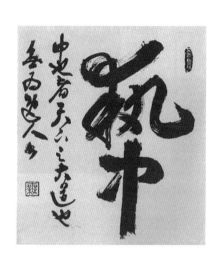

第24話　しなやかに生きる

　近年、新型コロナ感染の影響もあって、リーガルサポート面での AI 技術の進化、リモートワークの導入・促進、働き方改革などさまざまな変化が生じており、それに応じて、我々の業界も激動の時代に入ってきたように感じております。

　時代とともに弁護士に求められるものも変わってくるかと思いますが、先生がこれまでの法曹人生の中で、時代の変化、とりわけ仕事環境の変化（例えば書面の手書きからワープロへの変化、リサーチ方法の変化、コピーの一般化など）にどのように対応してきたか、そして、将来も弁護士として生き残り、第一線で活躍していくためにそういった環境変化にどのように対応していくことが大事かについて、教えてください。

　AI や IT などと横文字化された人口知能や情報技術は日進月歩で、私が精励していた往時と比較すれば想像を絶する状況にあります。準備書面はカーボン紙を挟んだ鉄筆での手書き、青焼のコピーなどと悪戦苦闘の生業は従前の話で披露させていただきました。こうした状況の中で、生来、新奇性を好み、いち早くワープロや最新のコピー機を事務所に導入し、裁判所の和解では携帯用のワープロ "OASIS" を持ち込んで和解調書を作成するなど流行の先端を走っていたのですが、そんな自慢話は今や過去の遺産となりました。

　特に、新型コロナの感染拡大後は、デジタル技術を駆使しない

と、事件処理もままならないことを法曹人も認識しました。しかし、リモートワークや在宅勤務が奏功しても、われわれ弁護士の本質であるリーガルマインドの醸成は不変かつ永劫です。

また、弁護士業務は多種・多様化しました。その結果、事件が偏在化し、有能・豊富な人材を擁する大型事務所のニーズが深まりました。今こそわれわれは切磋琢磨して実力と総合力を発揮する時機です。

老残の身の私も「人生100歳時代」に何度でもアップデートできる行動戦略を模索し、そして、生き方、学び方を探しながら、パートナーシップを確立したいと決意しました。

そのためには、まずもって心身ともに健全である必要があります。

身体面では、私淑する鎌倉円覚寺管長 横田南嶺老師は、著書"禅の教え"において、「禅語を読むには、頭であれこれと解釈することよりも、腰骨（仙骨）を立てて体で読むことが大切である。」と説き、「腰骨を立てましょう。」、「腰骨を意識して読みましょう。」と推奨されています。

具体的には、「第一に、先ず尻をウンと後ろに引き、第二に腰骨の中心を前へウンと突き出し、第三に軽くあごを引いて下腹（臍下丹田）にやや力をおさめる。」と説かれています。要するに、問題解決の基本は、姿勢を正して腹を据えて取り組み、問題の在り処を耳を傾けて聞くことが肝心であるとのご示唆です。

次に、精神面ですが、高みを目指した挑戦が必要で、頭の中で考えたことを地道な努力で実践することに尽きます。ここは、日本人として身近なＭＶＰ受賞の大谷翔平選手を見習いましょう。

「日に新たに、日々に新たに、また日に新たなり」（『大学』儒教経典）です。

　時々刻々変化する天下の体制・状況、具体的には身近な政治、経済、社会情勢のみならず世界情勢を刮目し、即戦力を持って対応して実現することが将来も弁護士として生き残り、第一線で活躍できる術であると愚考しますが、如何でしょうか。

　コロナ禍の影響は、働き盛りの40〜50歳代に最も顕著であるとの情報があります。ゆめゆめお忘れなく。

第25話　アラ、うっかり！

　才口先生は、法律の専門家としてお近くの方から畏敬の念を
もって迎えられる一方で、「しまった！」とお感じになったこと
はありませんか。

　老残の身には、身体の修行にとどまらず、心神の鍛錬の場を与
えられることもあります。

　ある昼下がり、六本木町内の劇団から、予期せぬ依頼がありま
した。事務所の留学帰りの若手弁護士から、伯父の川口啓史氏が
演出する劇団俳優座公演の芝居について相談に乗ってくれとのこ
とでした。約半世紀にわたり弁護士、判事そして再び弁護士とし
て条理の世界に生きてきた者には、もっとも不得手な所業です。

　ただ、演目が「気骨の判決」とのことで興味が湧きました。

　その原作者は判事時代の知己である NHK 司法記者であった清
永聡氏であり、主人公が母校中央大学の先輩にして恩師でもある
大審院判事吉田久先生の「翼賛選挙無効判決」の史実演劇であっ
たので、身の程もわきまえず、監修をお受けしました。

　あらましは、次のようなものです。

　第二次世界大戦下の 1942（昭和 17）年 4 月、東條英機内閣の
主導で実施された衆議院議員の総選挙は、東條内閣の息のかかっ
た翼賛政治体制協議会による候補者推薦制度を導入し、協議会が
推薦した候補者が定数 466 人中 381 人も当選しました。鹿児島

県第二区では非推薦候補者が全員落選し、そのうち4名が大審院に選挙無効訴訟を提起し、第三民事部に係属しました。

　これを担当した吉田久ら5名の判事は、危険も顧みず鹿児島に出張し、特高警察や憲兵隊の監視を受けながら、200人近い証人調べを行いました。また、1944（昭和19）年2月28日、総理官邸において開催された臨時司法長官会同において、東條首相は司法官らに対し、「戦争遂行に重大な障害を与える職務に対しては非常措置を執らざるを得ない」旨の恫喝的な訓示をしました。

　このような状況の中にあって、終戦直前である翌年3月1日、裁判長吉田判事は「もう、帰ってこられないかもしれない」と言い残して自宅を出て登庁し、選挙の自由と公正が没却されたものと認め、敢然と「翼賛選挙無効判決」を言い渡したのです。判事は、判決言渡しの4日後に辞表を提出し、静かに司法部を去りました。判決直後の3月10日に大審院が東京大空襲によって全焼し、訴訟記録も失われたとされ、画期的な無効判決はどの判例集にも未登載であるため、久しく「幻の判決」と呼ばれていた代物でした。

　芝居は2013（平成25）年11月15日から24日まで新宿の紀伊國屋ホールで興行され、偶然にも中日の20日に最高裁判所大法廷が衆議院選のいわゆる「一票の格差」の判決を言い渡すとあって話題を呼び、連日ほぼ満員の盛況でありました。

　しかし、監修はせいぜい法廷場面程度と気軽に引き受けたが、殊のほかの難行で、芝居作りの裏方の苦楽をしこたま味わう羽目となりました。

原作「気骨の判決」を劇化するのは難しいと心得ていましたが、作家はこれを戦時下における吉田判事の夫婦・親子愛と裁判長・陪席裁判官の意識の変遷を中心に見事に脚色して役者に演じさせ、舞台も観音橋で上下を分断し、法廷と吉田邸を暗転により交互に使い分けるシンプルにして卓抜した技法を用いていました。本読み、立ち・通し稽古と進展し、舞台に音と光が組み込まれ、役者が衣装を纏うと芝居は迫真感を帯びて昇華する様を目の当たりにして、予期せぬ舞台造りを体験させてもらいました。

　無事初日を迎え、滞りなく監修を終えたものと安堵していたところ、2日目の観客から的確にして鋭い指摘を受けたのです。それは、劇中、吉田裁判長と陪席裁判官との会話の「信義誠実の原則」、「権利の濫用」についてでした。
　この原則や理論は法理上、大審院時代に幾多の判例により積み上げられたものですが、芝居では脚本に基づき民法第1条に基づく原則とのセリフで演じられました。

　しかし、判決は旧民法時代の1945（昭和20）年3月1日に言い渡され、民法第1条に「信義誠実の原則」等の条項が挿入されたのは、戦後の民法改正（昭和22年法律第222号）であることから明らかに間違いであり、指摘は正鵠を得ていました。慌てて演出家と相談し、脚本家の了解を得て、翌日の公演から、「信義誠実や権利の濫用の法理は大審院時代からの確立した判例であり……」と改めて上演しました。もとより上手ではない手から、諸に水がもれたというわけです。
　監修の手抜きをしたわけではありませんが、法律のプロとして失格であり、まさに老残弁護士の悲哀でありました。

心身の鍛錬は時空を超えて限りなく続き、それが生きていることの証左であると痛感した次第です。

第3章　しなやかに生き抜こう

第4章

法律家の幅を広げるのは「出会い」

第26話　私を法曹に導いたもの

弁護士には、それぞれ法曹を志したきっかけがあると思います。陳腐ですが、私は、人に必要とされる仕事をしたいと思って弁護士になることを目指しました。先生が弁護士を目指されたきっかけを教えていただけますでしょうか。

法曹への道のり

到頭（とうとう）法曹を目指した動機を問われることになりました。実は、最初は確たるきっかけも目標設定もなかったため、なかなかお答えするのが難しいところです。

長野市で教員の両親の長男として生まれ、終戦後の激動の中で幼少期を過ごし、日本の将来も予測できない時代でしたから暗中模索、紆余曲折の法曹への道程でした。

母親の勧めもあり、器用な手先を生かして建築家を夢見ていたのですが、中学校の担任教師が昼休みに友達と相撲をとっていたところ「長野高校に進学して法曹になれ」のアドバイスをしてくれました。もちろん"法曹"の何たるかも知らない幼稚な中学生で、縁戚に裁判官や弁護士がいて、おぼろげに生業は聞いていたものの、法曹の道を目指して普通高校に進学したのではありません。

長野高校1年生の化学の授業で化学方程式が解けず難渋していたところ、教師から「文科系を目指せ」との指導を受けたものでもありました。田舎教師の息子ですから、学費軽減を考慮し国立大学を目指したのですが、果しえず中央大学に進学しました。押っ取り刀で司法試験を目指しましたが、これがまた侮れない代物でした。またしても親孝行が頭をよぎり、司法試験と就職の両立を目指し、4年生の春に当時"金偏景気"で人気の鉄鋼会社に就職が内定しました。

　しかし、就職先が内定したものの法曹への夢は捨てきれず、同じ年の秋に民事訴訟法の木川統一郎教授が主宰する受験団体「白鴻会」の入室試験に応募しました。考査委員が後の倒産法の大御所、高木新二郎弁護士で、入室を許された研究室の先輩に豊嶋秀直元福岡高検検事長、同輩に甲斐中辰夫元最高裁判所判事がおられたのです。これら先輩諸兄のご指導の賜物で司法試験に合格しました。まさに人生の岐路というべき往時の追懐です。

　登録した東京弁護士会での職務も会務も苦難の連続でした。所属した派閥・春秋会の長老から「弁護士行政を学べ」との示唆で副会長も務め、併せて母校への恩返しで10年間司法演習、破産法、法曹論の講師・教授を務めました。司法試験考査委員（破産法）も終え、法制審議会において民事再生法等を立案して一段落したところ、最高裁判所判事を拝命し、無事退官しました。そして、当事務所代表 田中克郎先生の思し召しで顧問弁護士として後進の指導等をしているという、目まぐるしい法曹人生行路です。

人生は出会い

　顧みれば、今日までの法曹人生のターニングポイントに将来を示唆してくださった人物が随所におられました。中学の担任教師、高校の化学教師、お世話になった教授（仲人）、弁護士会の長老、倒産法の手ほどきをして頂いた厳しい先輩弁護士、はたまた「施無畏」（畏怖の心を取り除いて安心させ救済する）を揮毫された歴代首相の指南役であった四元義隆氏、そして、老残の身を顧問弁護士として招聘してくださった田中克郎弁護士などの方々です。

　気恥ずかしい法曹自分史を披露しましたが、どうぞ初心貫徹・艱難辛苦（かんなんしんく）の道すがら、必ずや意識を転換して道を開いてくださる誰かが存在することを心待ちにして、飛躍発展してください。

第27話　畏敬する先輩——故 高木新二郎弁護士

> 　先生がこれまでお仕事の内外でお会いになられた人たちの中で、
> 「この人はすごい」と感じられた方のエピソードをお聞きしたい
> と思います。まずは、弁護士の方について、お聞かせいただけま
> すでしょうか。

畏敬する先輩——故 高木新二郎弁護士

　尊敬する人というより「畏敬する先輩」として故 高木新二郎
弁護士との出会いからお別れまでの刎頸（ふんけい）の交わりを
話します。

　故高木新二郎弁護士は、1935（昭和10）年9月生まれ、司法
研修所第15期、3歳・3期先輩で倒産弁護士の道標かつ兄貴的
存在でした。

　出会いは大学4年生の秋、内定した就職先に不義理して応募
した故 木川統一郎教授が主宰する司法試験の研究団体「白鴻会」
の入室試験の考査委員であったことに始まります。

　高木先生は当時司法修習生で見るからにがらっぱちな方でした
が、修習の合間を割いて何くれとなく指導・訓育してくださいま
した。先生が受験勉強時代にコンパスの針先で太ももを刺して眠
気を覚ましていたとの逸話は、代々後輩に語り継がれていたもの
です。

先生の後塵を拝して東京弁護士会に登録し、"倒産"という職域で切磋琢磨することになりました。具体的には、1981（昭和56）年に弁護士会の法律研究部に「倒産法部会」を追加組織し、1986（昭和61）年には大阪弁護士会の"倒産"職域の有志と「東西倒産実務研究会」を発足させて丁々発止（ちょうちょうはっし）と議論を重ね、倒産法制の盲点や使い勝手の悪さを露呈させました。その結果が後の倒産法制改正の原動力になったことは明白です。

　当時のメンバーの多くが法制審議会倒産法部会の弁護士会選出の委員・幹事となり「民事再生法」を創設し、会社更生法や破産法等の大改正に貢献したのです。

　その端緒は先生の先見の明と発意に依るものであり、われわれは先生の片棒を担ぎ、あるいは掌で転がされていたに過ぎませんでした。

　われわれは先生から倒産法制の大改正という目的達成のため周到な準備と人員配置の妙を目の当たりに学習し、その後の"倒産"職域活動に多大の恩恵を受けました。

　こんな状況の中で特に不分明な「特別清算手続」について研究結果を著すことにしました。

　1988（昭和63）年、部会や研究会で同士の多比羅誠弁護士と共著で『特別清算手続の実務』（商事法務研究会・刊）を上梓しました。先生は寸暇を割いて全文を校閲してくださり、刊行直前に「"索引"のない著作はない」と指摘され、慌てて"事項索引"を追補したのは良い思い出です。今となって、先生の行き届いた優しさを感謝します。

ちなみに同書の推薦の辞は、当時東京大学教授青山善充先生（現・TMI総合法律事務所顧問弁護士）から頂戴し、先生は、特別清算の手法を"くさり鎌"と評してくださいました。

　このように倒産法の権威者として八面六臂（はちめんろっぴ）の活躍をされていた先生は、その年の秋、最高裁判所の法曹一元の動向を先取りして、自ら弁護士任官判事第1号の旗手として突如裁判官に任官されたのです。翌1989（平成元）年、副会長の職にあった私は会長の名代で日弁連会長のメッセージを先生にお伝えしました。多分、任官後も弁護士時代のポーズそのままで訴訟指揮などをされたのでしょう。先生の風評を憂慮した会長のメッセージでしたが、先生は「分かった」と一言おっしゃられ、東京高裁判事を皮切りに山形地・家裁、新潟地裁所長を務め、最後は東京高裁部総括判事（裁判長）を歴任され、2000（平成12）年に約11年半の判事生活に別れを告げて退官されました。弁護士任官判事第1号の鑑であり、見事に法曹一元を実践されました。

任官判事退官後の高木先生

　退官後、先生は弁護士に再登録されて、愛弟子の故 松嶋英機弁護士の事務所に籍を置かれて縦横無尽の活躍をされました。先生のニックネームは"瞬間湯沸し器"、"モーニングコール"などで、私もその被害と恩恵を蒙りました。早朝6時に指示が出され、午前10時に事務所に参上して結論を導くという作業の連続です。訪問すると事務所の廊下まで響く罵声が飛び交っていました。

　そこで先生には臆せず淡々と語り、時には諭すのが結論を導くコツであると悟りました。用件を終えて辞去する際に、先生は必

ずエレベーターまで見送られ、「ありがとう」、「面倒かけて申し訳ない」、「よろしく頼む」などとお礼と詫びを言われるのです。

　そんな時、先生は邪気のない純真無垢な人であると見直し、これが大家の"光"と"影"と認識しました。

　先生は退官後、更生管財人等を歴任して各種の企業を再建させ、2003（平成15）年には株式会社産業再生機構を設立し、産業再生委員長に就任して各種事件に関与されました。多くの仲間や後輩が馳せ参じて、企業再建に協力して恩返しをしました。

　2004（平成16）年1月、私は最高裁判所判事に任ぜられました。
　高木先生は弁護士任官判事の先輩として異文化の世界に赴く私の不憫を察し、司法研修所同期の故 滝井繁男及び泉徳治両先任判事にしかるべく道筋を立てておいてくださいました。身に余るこまやかな心配りを、今更ながら感謝しています。

　先生とは子弟あるいは恩人のような親交でしたが、一度、気まずい関係になったこともあります。それは、判事退官後の2010（平成22）年、「白鴻会」の同輩であった甲斐中辰夫元最高裁判所判事と日本航空株式会社の「コンプライアンス調査委員会」の正・副委員長を務めたときのことです。
　当時、先生は民主党政権下に設置した「JAL再生タスクフォース」のリーダーとして奔走されていましたので、弟子の二人が調査委員会に関与したことが不満で、何かと秋波を送ってこられました。子弟関係にあるとはいえお互いに平静を装い、適正に職務を遂行してJALの再建は実現しましたが、当時の政権交代が織

りなす子弟間のほろ苦い経験でした。

　高木先生との最後の面談は、2018（平成30）年6月29日、「白鴻会」の後輩で私の事務所のパートナーから弁護士任官した北澤純一判事（前東京高裁部総括判事、現・TMI総合法律事務所顧問弁護士）の富山地・家裁所長栄進祝賀会でした。

　先生は「弁護士任官判事は130人を超えたが、所長栄進第1番が自分で、北澤君が10番目だ。」と誇らしげでした。

　この他にも先生にまつわるエピソードは枚挙に暇がありません。既往症克服の体力強化のためスキューバダイビングや極寒に犬ぞりに挑戦されたことなどです。

　『アメリカ連邦倒産法』をはじめ、幾多の著作を上梓し、法学博士であり各種大学の教授を務められた先生は、2018（平成30）年8月19日、満83歳直前にお昼寝のまま末期を迎えられました。

　私にとって故 高木新二郎弁護士は、"破天荒"にして"好々爺"の「この人はすごい」と感じた人でした。

第28話　故 四元義隆先生との出会い

　引き続き、先生がこれまでお会いになられた人たちの中で「この人はすごい」と感じられた方のエピソードをお聞きしたいと思います。今回は、弁護士以外の方について、お聞かせいただけますでしょうか。

　先達の言動などから"心のよすが"を学ぶことは貴重です。65歳にして異文化の法曹の世界に赴いたわが身を振り返り、故四元義隆先生との出会いとその人となりを語ります。

故 四元義隆先生との出会い

　故四元義隆先生は、1908（明治41）年から2004（平成16）年まで明治、大正、昭和、平成の四世代を生き抜かれ、歴代首相指南役などと称された人物ですが、評論家の田原総一朗氏をして「この人物には資料というものがまるでない」といわしめた方です。

　先生との出会いは、2003（平成15）年、先生が会長の職にあった建設会社の会社更生手続の申立の依頼に始まります。先生は当時95歳の高齢のため、実権を長男義大氏に委譲していました。申立書を作成する過程で、同社の前身は武装共産党を指導した田中清玄氏（1906〔明治39〕年〜1993〔平成5〕年・87歳没）が

第二次世界大戦の敗戦直前に横浜に設立した合資会社であり、戦前は軍需工場の地下工場建設工事等を、戦後は復興のための農業土木工事や米軍基地の建設工事等を請け負い、1955（昭和30）年に先生が金融機関の頭取に請われて債務を引き継いで承継した、複雑な会社であることが判明しました。

　社歴と関係役員が特異な会社更生事件とあって、百戦錬磨の東京地方裁判所民事第8部（商事部）も二の足を踏んだのですが、先生については申立代理人が全責任を負うとの条件の下に手続は開始され、申立から丁度満1年後の2004（平成16）年4月27日、異例のスピードで更生手続を終結して会社は再建されました。スポンサーの選定等につき先生の格別の尽力があったことはいうまでもありません。ちなみに、当時の主任裁判官は、名古屋高等裁判所長官を最後に退官されました。他方、私は更生手続の真っ只中である2004（平成16）年1月6日、最高裁判所判事に就任したので、同社の申立代理人の職責を全うしたとはいえません。

　判事在任中、判事室の応接の壁面には、先生から拝領した桑材の額縁の扁額「施無畏」（第10話参照）を懸架して職務を遂行しました。先生が揮毫された逸物です。
　「施無畏」の意味については第10話を参照してください。先生は、裁判官の"心のよすが"を処世訓として伝授してくださったものと理解し、日々、大量の記録と格闘しながら任期を全うしました。

四元義隆先生の人となり

　先生は、西郷隆盛翁と縁続きの家柄で鹿児島出身です。1932（昭和7）年2月9日の"血盟団事件"に東大法学部在学中に連座して懲役15年に処せられ、1940（昭和15）年2月恩赦により出所されました。また田中清玄氏は、1930（昭和5）年に武装共産党を指導し、警官とピストルでわたりあって治安維持法違反で逮捕され、無期懲役の判決を受け、1941（昭和16）年4月に出所しました。

　先生と田中氏は、服役していた小菅刑務所での同輩で、在監中に山本玄峰老師（1866〔慶応2〕年〜1961〔昭和36〕年・96歳歿）の講話を聴かれた仲であり、出所後、玄峰老師が再興した三島の龍澤寺で老師の下できびしい修行をされたのです。

　太平洋戦争は、1945（昭和20）年8月9日、御前会議でポツダム宣言の受諾を決定し、同月15日、国民への玉音放送（終戦の詔）を以て事実上日本国の敗戦となりましたが、玄峰老師と共に先生と田中清玄氏は終戦に向け大活躍をされたのです。

　同年4月7日、昭和天皇に請われて鈴木貫太郎氏（2・26事件で襲撃され重傷を負った当時の侍従長）が内閣総理大臣に就任しました。軍部独裁に批判的であった玄峰老師は鈴木首相に無条件降伏を密かに勧告し、内閣秘書官であった先生は首相がポツダム宣言受諾の御前会議に至るまで身を挺して受諾反対の陸軍勢力と抗戦されたのです。老師と首相の会談の結果、本土決戦や戦勝国による日本の割譲統治は回避されたといわれています。

このような史実を知ったのは、先生から「施無畏」を拝領し、執務の合間に"資料に乏しい"先生の人となりをそこはかとなく調べた結果です。先生は鎌倉円覚寺の朝比奈宗源管長とのご縁で同寺の塔頭"蔵六庵"にお住まいでした。いつの日かお礼のご挨拶に参上する心積もりでいたところ、先生は私が判事に就任した年の6月28日、忽然と96歳で逝去されました。礼節を欠き痛恨の極みであります。かたや扁額「施無畏」は時と処を得て、退官の直前まで約4年間心の支えとして判事室に鎮座していましたが、退官後は、先生の終焉の地である円覚寺の閻魔堂を終のすみかとしてもらうことにしました。

退官して半年後の2009（平成21）年3月24日、春まだ浅い鎌倉円覚寺を訪れ、閻魔堂において扁額「施無畏」と再会しました。名利の参禅者を静かに見守る相応しい居住まいでした。閻魔堂には弓道場があり、住職の須原耕雲和尚が卒寿を迎えた身でありながら門弟に熱心に弓の稽古を指導されていました。静寂の中の厳粛な所作と弦音と矢音に魅了されて直ちに入門を乞い、以来、毎週水曜日の早朝から恥を忍んで稽古に励んでいます。

以上が故四元義隆先生をめぐる扁額「施無畏」縁起の一部始終です。

世が移ろい、コロナ騒動で政治・経済が混迷を極めていますが、先生は黄泉の国からどんな指南をしてくださるのかと思いを馳せる今日この頃です。

余　談

　「施無畏」について四元義隆先生は、幕末・明治の政治家で無刀流の創始者山岡鉄舟居士に関して、1966（昭和41）年8月18日 " 無畏 " と題して以下のように記されています。

　『山岡鉄舟居士に或人が問うた「無刀流の極意如何」と、居士答えて曰く「浅草観音様にあずけてある」と。今日も尚浅草観音堂の正面に鉄舟居士の雄渾な「施無畏」の大額が不滅の真理を語っている』

　TMI総合法律事務所の23階第5応接室の壁面には、大きな扁額「敬天」が懸架されています。

　山岡鉄舟居士と " 江戸無血開城 " に尽力された、薩摩の偉人西郷隆盛翁が揮毫（きごう）した「敬天愛人」の前節です。

　四元義隆先生が鹿児島の尚古集成館に展示されている原本を複写された一点で、先生のご子息から拝領し、鹿児島出身の当事務所の田中克郎代表に献上した逸品です。

　ちなみに第5応接室は「敬天の間」と称されています。

　世の移ろいを超えて偉人の功績が偲ばれます。

余　話　吉田久大審院判事の偉業と人となり

　　最近、清永聡著「気骨の判決」－東條英機と闘った裁判官（新潮新書 2008 年 8 月刊行）がＴＶドラマ化や劇団による演劇公演などされて話題をまいています。「気骨の判決」の裁判長吉田久判事の偉業と人となりなどを教えてください。

　吉田久判事は、最高裁判所の前身である大審院判事で中央大学出身判事としては破格の出世をした裁判官です。特に、「翼賛選挙無効判決」の大審院第三民事部裁判長として名を馳せました。晩年は中央大学教授・大学院長として奉職され、たまたま、私は大学で先生の「日本民法論」を受講しました。淡々とした実直な講義であったと記憶しています。

　1942（昭和 17）年（選）第 6 号翼賛選挙無効請求事件は、1942（昭和 17）年 4 月 30 日に施行された太平洋戦争中唯一の衆議院総選挙の効力をめぐる訴訟です。当時は戦争で国威を高めようとする「軍国主義」の時代であり、三権の「行政」と「立法」が一体となっていた真っ只中、東條英機総理大臣兼陸軍大将は、1944（昭和 19）年 2 月 29 日開催の臨時司法長官会同において、戦争必勝のため司法権を行使し、勝利なくして司法権の独立もなく、従わない場合は非常措置を講ずる用意がある旨の「威圧的訓示」をされました。

このような状況の中で、第三民事部は、1945（昭和20）年3月1日、主文「昭和17年4月30日施行セラレタル鹿児島県第2区ニ於ケル衆議院議員ノ選挙ハ無効トス」、理由「選挙ノ自由ト公正ガ没却セラレタルモノナリ」と敢然と言い渡しました。

　この判決は、「司法権の独立」を象徴する戦時中唯一の選挙無効判決であります。

　これを作家阿川弘之氏は "日本人の誇りとする史実" と評されています。

　吉田久裁判長は、判決言渡4日後の1945（昭和20）年3月5日退官（理由は不明）しました。

　その後、日本自由党の総裁鳩山一郎氏に見出され、同党の政務調査会顧問に就任して憲法改正要綱の「裁判に関する項目」の制定に関与され、特に、憲法第76条（司法権・裁判所、裁判官の独立）の起草と制定に尽瘁されました。

　1946（昭和21）年8月、吉田茂総理大臣の要請により、学識者として貴族院議員に勅選されました。特に、「裁判は裁判官のためにあるものではなく、国民のためにあるものであるから判決を受ける立場にある国民の側からして安心感の持てる客観的良心に基づくものでなければならない。」とした憲法76条3項「裁判官の良心」の起草・制定の功労は大であります。

　また、吉田元判事は、晩年、「判決の合議は難航したことはない」、「私はこの判決をするにもいささかも政治理念に左右されなかった。もし政治理念を支えてなされたとすれば、その判決は不純であり、死んでいると考える。」と述懐されました。

　ほかにもいくつもの逸話があります。

大学院長を務められていた1960（昭和35）年頃の安保闘争で大学が騒然としていた当時、雑誌アサヒグラフで警官隊が学生に殴りかかる写真を見て、突如、大学の正門に何台もの貸し切りバスを用意し、「学生も教官もこれに乗って国会に行け」と指示されたとのことです。

　中央大学学員会長（元理事長）久野修慈氏はその昔先生の自宅で書生をされておられました。

　若い久野氏が「正義とは何か」と訊ねたところ、「正義とは、倒れたお婆さんいれば、背負って病院に連れて行ってあげることだ。」と答えられたそうです。

　ところで、1945（昭和20）年3月1日に言い渡された判決文は、判例集に未登載のため「幻の判決」とされていました。言渡直後の3月10日未明に東京上空にB29戦闘機が来襲して焼夷弾約1,500トンを投下し、大審院も全焼したため記録は焼失したと認識されていました。

　ところが、1985（昭和60）年8月、最高裁判所の特別保存記録の整備作業において判決が発見され、それは現在、国立公文書館つくば分室に所蔵されています。

　幸いなことに、判事退官の直前に、最高裁判所の記録保存室で原本を閲覧することができました。ガリ版刷りの古色蒼然とした原本でしたが史実を物語る逸品でした。

　末尾の裁判官の自署が墨痕鮮やかであり、訴訟代理人弁護士に錚々たる人物が連ねていたのに驚きかつ圧倒されました。その詳細は、第23話において述べましたのでご一読ください。

　小職は最高裁判所第136代、中央大学出身11人目の判事を拝

命しました。

　在任中、懸命に職務を遂行しましたが、その実績は吉田久判事に及ぶべくもありません。

　そもそも、吉田元判事が起草・制定された憲法第76条（司法権・裁判所、裁判官の独立）に庇護され、同条3項の「裁判官の良心」に従って職務を遂行したにすぎません。

　時代的背景が異なり、司法権の独立が確立されていない真っ只中での敢然たる「無効判決」の言渡しなど想像を絶するものです。

　吉田元判事は、1971（昭和46）年、87歳の生涯を閉じられました。年齢差54歳の若輩として襟を正してご教示賜りたい心境です。

　以上が私の知る「吉田久大審院判事の偉業と人となり」の一部始終です。

あとがき

　「はじめに」でも触れましたが、本書は、現在私が所属する
TMI総合法律事務所のブログに2年間にわたって連載された老
骨弁護士の拙筆「才口弁護士に聞いてみよう」に、加筆をしてで
きあがりました。私はこの9月3日に誕生日を迎え、満85歳に
なります。

　最高裁判所判事退官15年、TMI総合法律事務所にお世話に
なって12年が経ちました。
　「人生百年時代」と人生80歳のゴールが20年延び、「長生き
しなければならない」との呪縛にとらわれます。そんな折に事務
所のブログ執筆のご下命があり、意思、思考、創造など前頭葉を
活性化させる絶好の機会を与えていただきました。

　本音を語れば、毎月のご下問は難局を打開したいものが多く、
結論を導くのに四苦八苦しました。自分の過去の経験を紐とき、
状況を分析し、将来を展望するなど経験則により相応の回答を導
きました。過去に学ばない未来はありません。
　"塵も積もれば山となる"　こうして1冊になると、喜びもひ
としおです。

　感激と感謝そして安堵の念で一杯です。ご愛読ありがとうござ
います。

総観すると、回答は過去、現在、未来にわたります。世の中の苦難や道理は三世に通ずる事象に過ぎません。修羅場をいかに潜り抜けるかの知恵と技が必要です。

　回答者の経験則としては、司法の一翼を担う弁護士から裁判官へ、そして再び弁護士に回帰した経験が結論を導くのに大いに役立ちました。"権力対抗者"から"権力行使者"へと立ち位置が変わり、あらためて弁護士の宿命や思考経路などがよく判ったのです。また、"権力対抗者"が経験した"権力行使者"の実態は回答の随所に記載したとおりです。

　昨今の弁護士の苦悩は、事件処理にとどまらず書面記載の要領や自己の性格や処理能力に至るまで各人各様でした。「好きなことをやっていれば選択肢は広がる」、「失敗こそが価値がある」と先人は説いています。あきらめずに定説を疑い、別の結論を推論して自己見解を確立してください。事件処理は試行と経験により徐々に研ぎ澄まされます。

　また、書面は表現が簡単で要領を得たものにします。簡潔な文書は相手方や裁判官を説得し、すき間のないベタ文は難解にして説得力に欠けます。契約書や報告書も同様です。

　閑話休題。本稿を執筆している蓼科の山荘の書斎の左側の壁に「蒼翠在眼」の色紙が懸けてあります。
　窓越しに見える樹木は青々として眼に鮮やかです。揮毫の主は清朝最後の皇帝溥儀の弟で書家の愛新覚羅溥傑氏です。墨痕が鮮やかで墨の黒と色紙の白が見事に調和しています。字間・筆間が

あり、ベタがありません。弁護士作成の書面もかくも格調高く、感銘や納得を与えるものであってほしいと思います。

　ここで、老骨が将来を語るのは荷が重いので、所感を述べます。
　イソ弁（居候弁護士）を経て、事務所を立ち上げ、"倒産弁護士"として活躍した往時とは最近の弁護士事情は異なります。事件は大手法律事務所や専門家事務所に偏在して従来型の市井の弁護士は疲弊しています。司法修習生は事案が多様で豊富な大手事務所等に殺到し、熾烈な競争を経て金銭的にも恵まれたポジションを獲得しています。その有為な新人弁護士が地位に安住して弁護士業務に意欲的ではない者を見受けます。希望した部門や指導者に恵まれず挫折した例もありますが、多くは本人の我儘や忍耐不足によるものです。
　「弁護士気質」は司法制度改革や試験方法の変更により予想以上に変貌しました。"艱難（かんなん）汝（なんじ）を玉にす"を心に銘じて奮起して欲しいものです。

　終わりは、前途有為な後輩諸士に贈る言葉です。
　アメリカで活躍したドイツ人実業家であり詩人のサミュエル・ウルマンの詩『青春』です。

　"青春とは人生の或る期間を言うのではなく、心の様相を言うのだ"に始まります。

　　人は信念と共に若く　疑惑と共に老ゆる。
　　人は自信と共に若く　恐怖と共に老ゆる。
　　希望ある限り若く　失望と共に老い朽ちる。

この三節を将来を託す後輩諸士に贈ります。

希望があれば"若く"、失望すれば老い"朽ちる"のです。

ゆめゆめお忘れなく、日々ご精進ください。

書斎の右側の壁に「無事」の扁額が懸けてあります。

最高裁判所判事退官直前の 2008（平成 20）年 8 月に揮毫した自作です。

約 4 年 8 ヵ月勤務した職場と職務に対する感謝の心境を「無事」としたためました。

2 年間にわたるブログを書き終えた心境も、15 年前と変わりません。

完

新　弁護士読本——弁護士十年一人前論

2023年 9 月 3 日　初版第 1 刷発行
2023年11月14日　初版第 3 刷発行

著　　者　　才　口　千　晴

発 行 者　　石　川　雅　規

発 行 所　　㈱商 事 法 務
　　　　　　〒103-0027　東京都中央区日本橋3-6-2
　　　　　　TEL 03-6262-6756・FAX 03-6262-6804〔営業〕
　　　　　　TEL 03-6262-6769〔編集〕
　　　　　　　　　　　　　　https://www.shojihomu.co.jp/